LEGO®
EL LIBRO DE LAS IDEAS

HANNAH DOLAN, SIMON HUGO, TORI KOSARA,
JULIA MARCH Y CATHERINE SAUNDERS

CONTENIDO

INTRODUCCIÓN	4
CONSEJOS MAESTROS	6
CONSTRUYE TU MUNDO	**8**
MUSEO DE OBJETOS RAROS	10
JARDÍN EN LA AZOTEA	12
CASA ENCANTADA	14
PISTA DE *RALLY*	16
FARO	18
DEBAJO DE LAS CALLES	20
BAJO TIERRA	22
UNA CIUDAD A MICROESCALA	24
SKYLINE COSTERO	26
MICROPUERTO	28
JUGUETERÍA	30
EN CONSTRUCCIÓN	32
ENERGÍAS RENOVABLES	34
JARDÍN BOTÁNICO	36
ALDEA FLOTANTE	38
ESTACIÓN DE TREN MODERNA	40
CONCIERTO DE ROCK	42
OBSERVATORIO	44
EN LA GRANJA	46
TRACTOR	48
CONCURSO DE TALENTOS	50
¡A EXPLORAR SE HA DICHO!	**52**
MONUMENTOS	54
COMITÉ DE DINOSAURIOS	56
ANTIGUO EGIPTO	58
TRANSPORTES ANTIGUOS	60
ANIMALES FANTÁSTICOS	62
CARRERA ESPACIAL	64
EN EL ESPACIO	66
DRAKKAR VIKINGO	68
CASTILLO MEDIEVAL	70
MARAVILLAS ANTIGUAS	72
BANDA MEDIEVAL	74
VIDA EXTRATERRESTRE	76
GIMNASIO GALÁCTICO	78
DENTRO DEL GIMNASIO	80
ESTATUA ANTIGUA	82
ENTRENAMIENTO NINJA	84
MITOS Y LEYENDAS	86
MINIMERCADO	88
PLATÓ DE CINE CLÁSICO	90
JARDÍN JAPONÉS	92
VIAJE EN EL TIEMPO	94
RELOJES	96

Asciende a las alturas en el globo aerostático de la página 61

Observa las estrellas en la página 44

EXPRÉSATE 98

- ARTE PARA COLGAR — 100
- PIEZAS ARTÍSTICAS — 102
- TU FAMILIA LEGO — 104
- UN INVENTO MARAVILLOSO — 106
- EL TRABAJO IDEAL — 108
- ALMACÉN DE TESOROS — 110
- DECORA TU ESCRITORIO — 112
- CASAS PARA MASCOTAS — 114
- JUEGOS — 116
- FIAMBRERA *BENTO* — 118
- REINO DE FANTASÍA — 120
- DIRIGE UNA PELI — 122
- SUPERHÉROES — 124
- COFRE DEL TESORO — 126
- LETRAS LEGO® — 128
- TU CASA IDEAL — 130
- SUEÑA A LO GRANDE — 132
- EMOCIONES — 134
- ACUARIO — 136
- ROBOTS ÚTILES — 138

GRANDES AVENTURAS 140

- ESTACIÓN DE ESQUÍ — 142
- AVENTURA PIRATA — 144
- ESCALADA — 146
- AVENTURAS AÉREAS — 148

Construye **un perrito** en la página 105

Riza el rizo en el avión acrobático de la página 155

- MONOPATÍN EXTREMO — 150
- DEPORTES ACUÁTICOS — 152
- AVIONES DE CARRERAS — 154
- INSECTOS ADORABLES — 156
- MONSTRUOS HAMBRIENTOS — 158
- CRIATURAS MARINAS — 160
- MUNDO SUBMARINO — 162
- JARDÍN ENCANTADO — 164
- VEHÍCULOS *STEAMPUNK* — 166
- LADRILLOS DE LEYENDA — 168
- DRAGÓN — 170
- UNA ENTRADA A OTRO MUNDO — 172
- HÁBITAT SELVÁTICO — 174
- HABITANTES DE LA SELVA — 176
- LAS ESTACIONES — 178
- CASA DE LA BRUJA — 180
- AUTOBÚS ARCOÍRIS — 182

- CONOCE A LOS CONSTRUCTORES — 184
- TIPOS DE LADRILLO — 192
- PIEZAS ÚTILES — 194
- DE IDEAS A MODELOS LEGO® — 196
- AGRADECIMIENTOS — 200

INTRODUCCIÓN

Te bastarán unas cuantas piezas LEGO® y un poco de creatividad para construir casi todo lo que puedas imaginar. A continuación encontrarás cientos de ideas para construir modelos increíbles con tu colección LEGO, pero antes te daremos algunas cosas sobre las que pensar.

PIEZA A PIEZA
Hay una infinidad de piezas LEGO de todos los colores. En las secciones «Tipos de ladrillo» y «Piezas útiles», al final del libro, encontrarás información acerca de los distintos tipos de piezas.

REÚNE LAS PIEZAS
Hay algo que necesitas sí o sí: ¡piezas LEGO! No te preocupes por el tamaño de tu colección ni por lo nueva o vieja que sea. Los elementos originales del Sistema de Juego LEGO, que se remontan a 1958, aún encajan a la perfección con las que se fabrican ahora. También puedes comprar piezas LEGO en tiendas de segunda mano, compartirlas con amigos y vecinos o usar las de la escuela o la biblioteca.

IDEAS
Casi todo puede ser fuente de inspiración. Activa la imaginación con las construcciones de este libro, y crea después tus propios modelos. También puedes encontrar ideas en el mundo que te rodea, en libros, programas de televisión, películas o juegos.

HAZLO A TU MANERA
El propósito de los modelos de este libro es inspirarte, pero no es necesario que los reproduzcas al dedillo. Sé creativo y personaliza tus construcciones. Quizá construyas algo muy distinto a lo que ves en las páginas de este libro. ¡Genial!

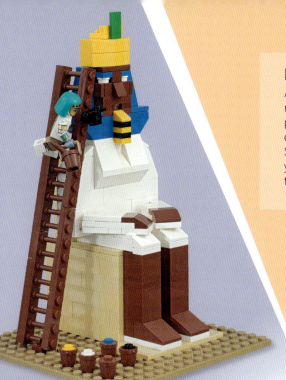

ELIGE UNA TÉCNICA
Algunas de las imágenes te mostrarán cómo ensamblar las piezas de los modelos y se centrarán en técnicas de construcción útiles. Si quieres probar algo, ve a por ello y sigue la idea hasta el final. ¿A dónde te llevará?

POR ESCRITO
Fíjate en algunos de los modelos del libro y escribe lo que te gusta de ellos y lo que no. Puede que esto te inspire y te ayude a empezar a construir.

DECÍDETE POR UNA IDEA
¿Tienes la cabeza llena de ideas para construir? Haz una lista de todos los modelos que quieres construir. Elige luego una y comienza por ahí.

PREPARADOS, LISTOS, ¡A CONSTRUIR!
Una vez tengas las piezas, podrás construir lo que tú quieras. Con tantas piezas y modelos inspiradores, es posible que lo más difícil sea decidir por dónde empezar. ¡Prueba alguna de estas sugerencias!

CONSTRUCCIÓN ESPONTÁNEA
Encaja algunas piezas LEGO al azar, a ver qué pasa. Observa la forma que has construido y piensa en qué se podría convertir a medida que avanzas.

PLANIFICA
¿Y si dibujas el modelo antes de comenzar a construir? Si es que no eres uno de esos constructores que prefieren empezar a construir sin esbozar antes el proyecto, claro.

OBSERVA LAS PIEZAS
Extiende frente a ti varias piezas para ver bien con qué vas a trabajar. ¿Puedes crear tu propia versión de alguno de los modelos del libro usando algunas de ellas?

CONSEJOS MAESTROS

Una vez estés listo para construir, tendrás que empezar a pensar como un constructor. Aquí tienes algunos consejos iniciales. Quizá te vaya bien tener presentes algunos de ellos mientras construyes, o quizá prefieras hacer las cosas a tu manera. ¡Lo principal es que te diviertas!

CLASIFICAR

Separa algunas de las piezas de tu colección LEGO por tipos y colores antes de empezar. Así te ahorrarás tener que buscar piezas a medida que construyes.

PIENSA A LO GRANDE... ¡O TODO LO CONTRARIO!

Antes de empezar, decide a qué escala quieres construir y reúne la cantidad adecuada de piezas. Si vas a construir algo en lo que las minifiguras puedan sentarse, jugar o vivir dentro, será a escala minifigura. Si es más pequeño que eso, será a microescala. O quizá te apetezca construir algo más grande que a escala de minifigura, como el pequeñín de abajo... Los modelos de este tamaño son a escala «Miniland».

MICROESCALA

ESCALA DE MINIFIGURA

ESCALA MINILAND

NO VACILES

Dota a tus modelos de una base sólida y añade placas entre las pilas de ladrillos para estabilizarlos. Así evitarás que se desplomen.

DATE ESPACIO

Te será más fácil construir sobre una superficie plana y con espacio suficiente para las piezas y el modelo. Despeja una mesa o un área del suelo.

MIDE LAS MINIFIGURAS
Si quieres meter minifiguras en el modelo, piensa en el espacio que necesitarás para que las piernas y los brazos quepan cómodamente.

CAMBIA SIN MIEDO
No te preocupes si no tienes la pieza perfecta. Sé creativo con lo que tengas y piensa en qué otros elementos puedes utilizar.

CUESTIÓN DE ESTABILIDAD
Presiona y encaja bien los ladrillos para que los modelos sean estables. También puedes mantener las piezas en su sitio superponiéndolas con otras. Si los modelos son estables, podrás jugar con ellos miles de veces.

EN COMPAÑÍA
Construir modelos con familiares y amigos puede ser más divertido. ¿Y si compartes las ideas y la alegría de construir?

LOS COLORES POR BANDERA
¿Quién ha dicho que los barcos pirata deban ser marrones? Si quieres regalar un barco rosa a tu tripulación, ¡adelante! Usa los colores que prefieras en cada modelo.

¡NO TE PREOCUPES!
Si tu modelo no es como querías, vuelve a empezar, o bien transfórmalo en algo totalmente distinto. No hay maneras correctas o incorrectas de construir.

SIGUE ADELANTE
Pase lo que pase, ¡no te rindas! La diversión está en la construcción, así que conecta ladrillo tras ladrillo hasta que todo encaje.

CONSTRUYE TU MUNDO

Fíjate en los edificios, en la naturaleza, en los vehículos y en las personas que ves a diario. ¿Qué detalles sorprendentes no habías visto antes y cómo los podrías recrear con piezas LEGO®? Intenta construir lo que ves con exactitud o añade elementos divertidos y crea algo único.

CONSTRUYE TU MUNDO

PROYECTO BÁSICO

Objetivo:	Construir un museo
Uso:	Exposición de objetos interesantes
Elementos:	Salas, piezas de exposición, vitrinas, visitantes
Extras:	Tienda de recuerdos, cafetería, exposiciones interactivas

Una placa 1×8 une dos medios arcos 1×5×4 y forma un único arco ancho

Sillería ornamental a media altura

¿QUIÉN SE HA LLEVADO EL CAMALEÓN?

LADOS CERRADOS

MUSEO DE OBJETOS RAROS

Los museos contienen multitud de objetos antiguos, importantes y raros que observar y de los que aprender. ¿Qué expondrás en tu museo particular? ¿Será un museo natural, un museo de ciencias o una galería de arte? Lo que sea que te fascine atraerá a visitantes.

Este arco se convierte en dos cuando la sala se cierra

Las puertas están rematadas por arcos 1×6×2

SALA CAMBIANTE

Dos de los lados están construidos con placas-bisagra, para que el museo se pueda abrir y cerrar. Cuando se cierran, las placas-bisagra están colocadas a dos tercios de la longitud del edificio.

Placas con bisagra sobre los muros

¡NO TE PREOCUPES! ¡SE HA CAMUFLADO!

ESPACIO DIÁFANO

Diseña la planta del museo. Necesitarás puertas anchas y abiertas entre las salas para que los visitantes se puedan mover con facilidad. Incluye en el suelo placas conectoras sobre las que fijar las piezas de exposición.

Placas de colores unidas lateralmente

La regla hecha con placas y cubiertas resalta la altura del sombrero

El sombrero es un cilindro LEGO® Technic sobre una placa conectora redonda

PIEZAS DE EXPOSICIÓN

Las minifiguras acudirán en tropel para admirar cosas que no podrán ver en ningún otro lugar. Aquí encontrarán una llamativa oveja arcoíris y piezas extraordinarias como el sombrero de copa LEGO más alto del mundo y un asombroso camaleón camuflado. (¿Dónde se habrá metido?)

El «panel de información» se ha construido sobre una placa en escuadra

ESTATUA DE OVEJA ARCOÍRIS

EL SOMBRERO DE COPA MÁS ALTO

CAMALEÓN CAMUFLADO

CONSTRUYE TU MUNDO

JARDÍN EN LA AZOTEA

Lleva tus habilidades como constructor LEGO a otro nivel con un uso creativo del color y del espacio. Las minifiguras podrán conectar con la naturaleza y relajarse en el frondoso jardín en la azotea de este bloque de pisos de dos plantas.

PROYECTO BÁSICO

Objetivo:	Construir un hogar para las minifiguras con espacios exteriores
Uso:	Jardinería, relajación
Elementos:	Azotea, plantas, flores
Extras:	Butacas, camino de piedras, fuentes

CREO QUE PODRÍA ECHAR RAÍCES AQUÍ.

El murete alrededor del jardín en la azotea mantiene a las minifiguras a salvo

Experimenta disponiendo las ventanas de forma inusual

VISTA LATERAL

Cubierta semicircular 1×1

¼ de placa circular 1×1

Placa 2×6 a juego con el color de la pared

PANELES LATERALES

El bonito edificio es aún más llamativo gracias a las placas laterales ornamentales. Cada panel decorativo se compone de 12 cubiertas pequeñas sobre una placa 2×6. Encajan de lado sobre placas en escuadra insertadas en los muros.

UN BLOQUE MULTICOLOR

Utiliza ladrillos, placas y cubiertas de diversos colores para que la arquitectura del edificio destaque. También puedes usar piezas pequeñas para añadir detalles y formas no habituales a las esquinas. ¿Qué muebles construirás dentro?

Las placas base verdes hacen que todo el edificio parezca un vergel

Esta vid «crece» de un ladrillo con cuatro espigas laterales

¡YO YA LAS HE ECHADO!

A ESPACIOS PEQUEÑOS, GRANDES IDEAS

Piensa en tus espacios al aire libre favoritos. ¿Qué elementos podrías incluir en tu jardín? ¿Qué tal una fuente, un jardín de rocas o un área para hacer barbacoas? ¿Y una cabina de DJ y luces de discoteca?

SUBE DE NIVEL

Haz que tu edificio ecológico sea aún más verde con un «muro vivo» de plantas trepadoras en un lateral. Usa piezas con espigas o clips laterales.

Usa ladrillos 1×6×5 transparentes para construir grandes ventanales o deja los espacios abiertos

Las hojas encajan sobre cuatro placas 1×1 con barras

Las piezas de hojas verdes encajan en cubiertas con clips

FLORA SILVESTRE

Son muchas las piezas LEGO diseñadas con forma de planta. Combínalas con otras de tu colección y comprobarás que la cantidad de arbustos y flores que puedes crear no hace más que crecer y crecer.

El «tallo» es una barra conectada a los orificios de la base del modelo

Placa redonda 1×1 con tres hojas

La pieza de pinza se engancha a una placa 1×1 con barra

CONSTRUYE TU MUNDO

CASA ENCANTADA

¡Uuu! Sí, esta casa tiene pinta de estar encantada, pero no te dejes intimidar por el reto de construcción. La clave está en los detalles, desde el siniestro árbol junto a la lúgubre casa hasta la horripilante puerta con cadenas. ¡Solo las minifiguras más valientes se aventurarían a entrar!

ME VOY. ¡ESTE SITIO ME DA MALA ESPINA HASTA A MÍ!

Los medios arcos marrones son perfectos como ramas de árbol

¿POR QUÉ ESTÁ TODO DEL REVÉS?

Las lianas se descuelgan por este árbol antaño poderoso

Este medio arco es más pequeño que los otros dos

¿Quién habrá tras la puerta?

Cada hoja de la puerta se sujeta con dos ladrillos con clips 1×1

El cartel de «Keep Out» («No acercarse») es una cubierta decorada

UN EXTERIOR ESCALOFRIANTE

Para levantar los muros de la casa encantada utiliza ladrillos de colores oscuros o neutros y piensa en las texturas. Añadir ladrillos con texturas de «obra vista» entre piezas lisas dará a las paredes un aspecto ruinoso y descuidado.

PROYECTO BÁSICO

Objetivo: Construir una casa espeluznante
Uso: Asustar a tus minifiguras... ¡y quizá también a tus amigos humanos!
Elementos: Ventanas tapiadas, elementos antiguos
Extras: Árbol encantado, puerta rechinante, habitantes temibles

LEVANTAR EL TEJADO
La parte más alta del tejado está hecha con seis ladrillos-teja en forma de triángulo. Se apoyan sobre un ladrillo con arco y dos ladrillos decorativos con voluta. Una hilera de placas conectoras los mantiene unidos.

- Cono 1×1
- Hilera de placas conectoras 1×2
- Ladrillo con arco 1×4

La aguja dorada es el palo de esquí de una minifigura

Los ladrillos 1×1 con voluta añaden detalles arquitectónicos realistas

La pieza de hoja encaja en una espiga lateral al nivel del suelo

HOGAR, TENEBROSO HOGAR
El interior de la casa está dividido en tres espacios escalofriantes. Un fantasma recorre la buhardilla, mientras que un vampiro merodea por la planta. En comparación con ellos, la araña y el ratón parecen encantadores.

Los ladrillos con textura sugieren una fachada que se cae a trozos

Detalles de color verde claro para malas hierbas, moho y aspecto descuidado

¿Quién ha dejado un trozo de queso en la buhardilla?

VISTA LATERAL

¿Sabías que la mayoría de los fantasmas LEGO brillan en la oscuridad?

La tela de araña encaja en ladrillos con barra

¡AAAY! ¡ACABO DE VER UNA ARAÑA!

VISTA DEL INTERIOR

PISTA DE RALLY

PROYECTO BÁSICO

Objetivo:	Construir *monster trucks* en miniatura y una pista de *rally*
Uso:	Ocio deportivo, carreras
Elementos:	Vehículos, pista, obstáculos
Extras:	Gradas, fuego, aros

Los *monster trucks* pueden con todo gracias a neumáticos colosales y modificaciones fantásticas. Construye varios a microescala y una pista de *rally* para que se lo pasen en grande. Estos vehículos suelen tener elementos estrafalarios, como lunares, dientes de tiburón o colas de perro. ¿Qué harás para que los tuyos destaquen?

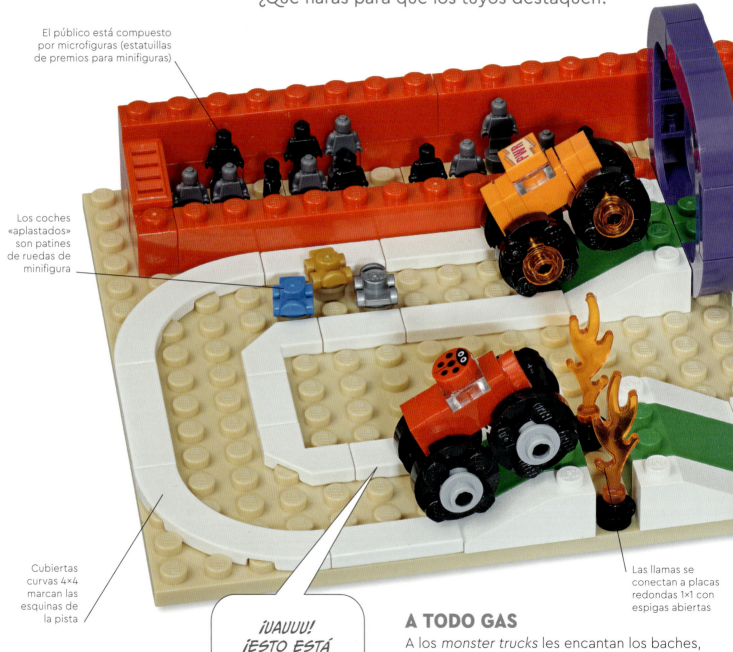

El público está compuesto por microfiguras (estatuillas de premios para minifiguras)

Los coches «aplastados» son patines de ruedas de minifigura

Cubiertas curvas 4×4 marcan las esquinas de la pista

Las llamas se conectan a placas redondas 1×1 con espigas abiertas

¡UAUUU! ¡ESTO ESTÁ QUE ARDE!

A TODO GAS

A los *monster trucks* les encantan los baches, las rampas y cualquier obstáculo que los obligue a escalar o acelerar. ¿Ves el salto de agua, el aro y el foso en llamas? Y ya hay coches minúsculos que esperan a ser «aplastados». ¿Qué obstáculos crearás para tus *monster trucks*?

CONSTRUYE TU MUNDO

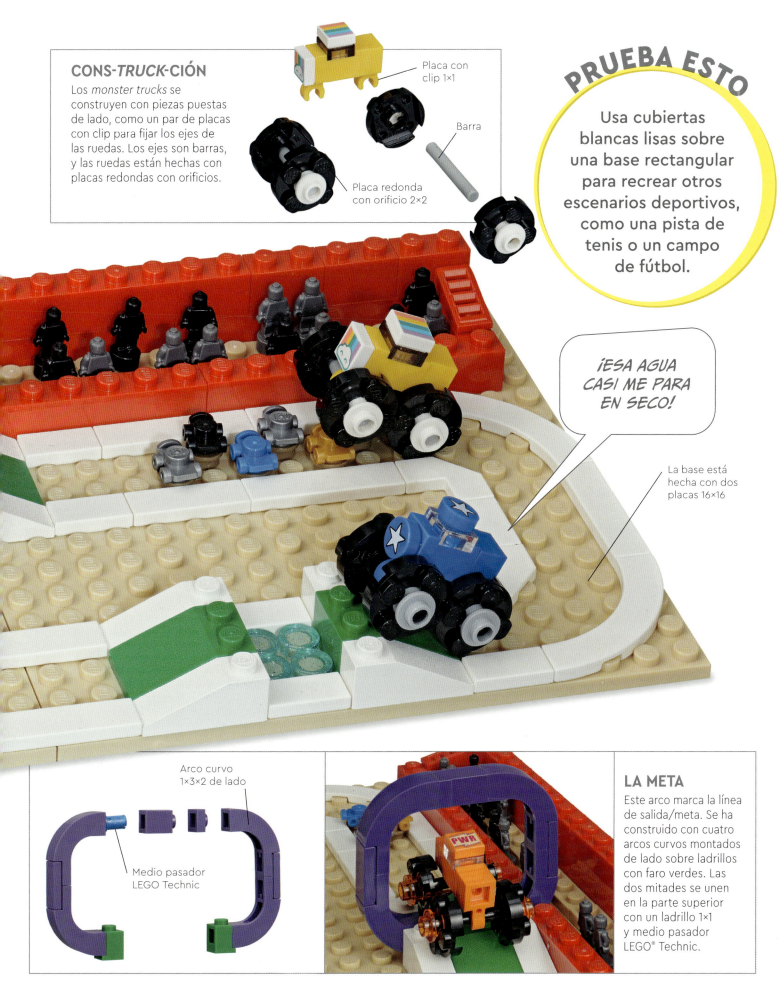

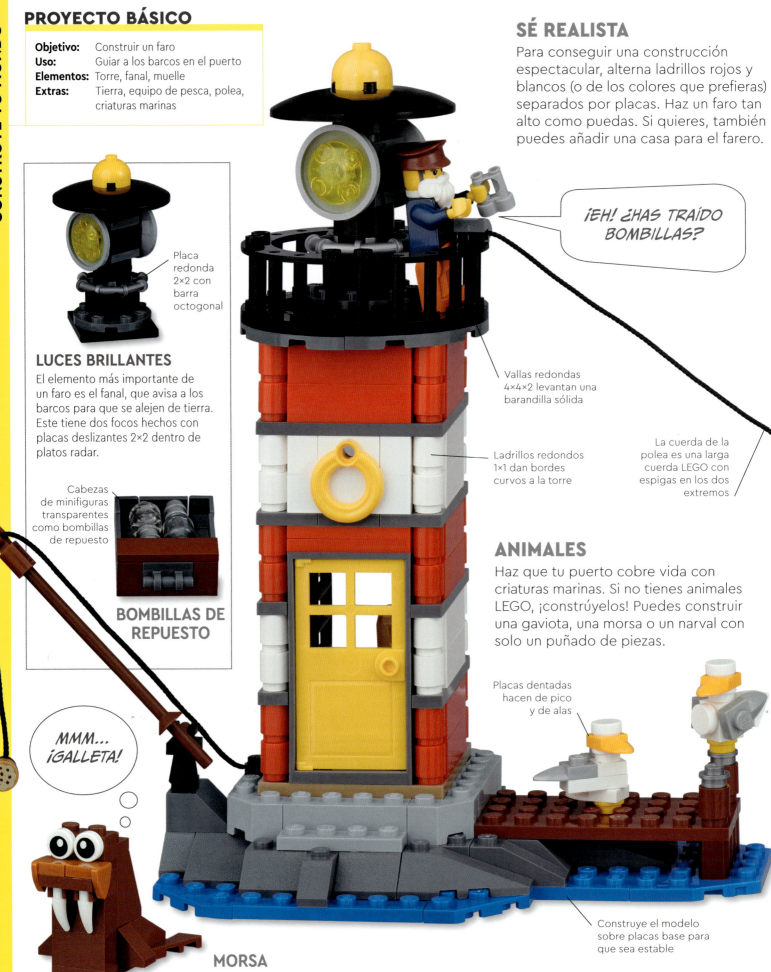

PROYECTO BÁSICO

Objetivo:	Construir un faro
Uso:	Guiar a los barcos en el puerto
Elementos:	Torre, fanal, muelle
Extras:	Tierra, equipo de pesca, polea, criaturas marinas

SÉ REALISTA

Para conseguir una construcción espectacular, alterna ladrillos rojos y blancos (o de los colores que prefieras) separados por placas. Haz un faro tan alto como puedas. Si quieres, también puedes añadir una casa para el farero.

¡EH! ¿HAS TRAÍDO BOMBILLAS?

Placa redonda 2×2 con barra octogonal

LUCES BRILLANTES

El elemento más importante de un faro es el fanal, que avisa a los barcos para que se alejen de tierra. Este tiene dos focos hechos con placas deslizantes 2×2 dentro de platos radar.

Cabezas de minifiguras transparentes como bombillas de repuesto

BOMBILLAS DE REPUESTO

Vallas redondas 4×4×2 levantan una barandilla sólida

Ladrillos redondos 1×1 dan bordes curvos a la torre

La cuerda de la polea es una larga cuerda LEGO con espigas en los dos extremos

ANIMALES

Haz que tu puerto cobre vida con criaturas marinas. Si no tienes animales LEGO, ¡constrúyelos! Puedes construir una gaviota, una morsa o un narval con solo un puñado de piezas.

Placas dentadas hacen de pico y de alas

MMM... ¡GALLETA!

Construye el modelo sobre placas base para que sea estable

MORSA

CONSTRUYE TU MUNDO

FARO

Los modelos temáticos como este son ideales para hacer en equipo. Compartir ideas, consejos de construcción y piezas con tus amigos o familiares multiplica la diversión de construir. Esta construcción costera tiene un faro en el centro, además de una pequeña restinga y animales marinos. Cada miembro del equipo puede construir una parte distinta de la escena.

¡BIENVENIDO!
Decora el interior del modelo. Este farero tiene una chimenea que lo protege del frío, tesoros personales en la repisa y un mapa muy práctico colgado en la pared.

PRUEBA ESTO
Este faro sigue el clásico diseño a rayas rojas y blancas, pero lo puedes personalizar a tu gusto. Eso sí, asegúrate de que sea muy visible para los barcos.

¡SABÍA QUE SE ME OLVIDABA ALGO!

¡TIERRA A LA VISTA!
Esta sección de acantilado está hecha con ladrillos y tejas grises y verdes. Añade un catalejo con el que avistar barcos en el horizonte y una polea con la que hacer llegar los víveres al farero.

El volante da realismo al catalejo

El medio pasador se desliza sobre la pieza de rodillo de pintor

Cono 1×1

SISTEMA DE POLEAS
Una polea y una cuerda llevan víveres esenciales, como pizza, al faro. Una rueda pequeña conectada a un rodillo de pintor y a un pasador sobre la caja se desliza sobre la cuerda.

Si no tienes una caja, construye una con ladrillos y placas pequeños

Un panel de roca forma la estructura principal de esta restinga

Bisagras-clic permiten que la cola suba y baje

NARVAL

CONSTRUYE TU MUNDO

PROYECTO BÁSICO

Objetivo:	Construir un mundo subterráneo
Uso:	Transporte del agua, suministros y aguas residuales de las minifiguras
Elementos:	Tuberías, escaleras, alcantarilla
Extras:	Carretilla, herramientas, señales

DEBAJO DE LAS CALLES

¿Has pensado alguna vez en lo que hay bajo tus pies? En una ciudad, podrías encontrar redes de tuberías y de cables que llevan agua, electricidad y aguas residuales (a algún sitio tendrán que ir, ¿no?). Puedes construir infinitas estructuras subterráneas: criaturas inusuales, túneles de huida o incluso tesoros enterrados.

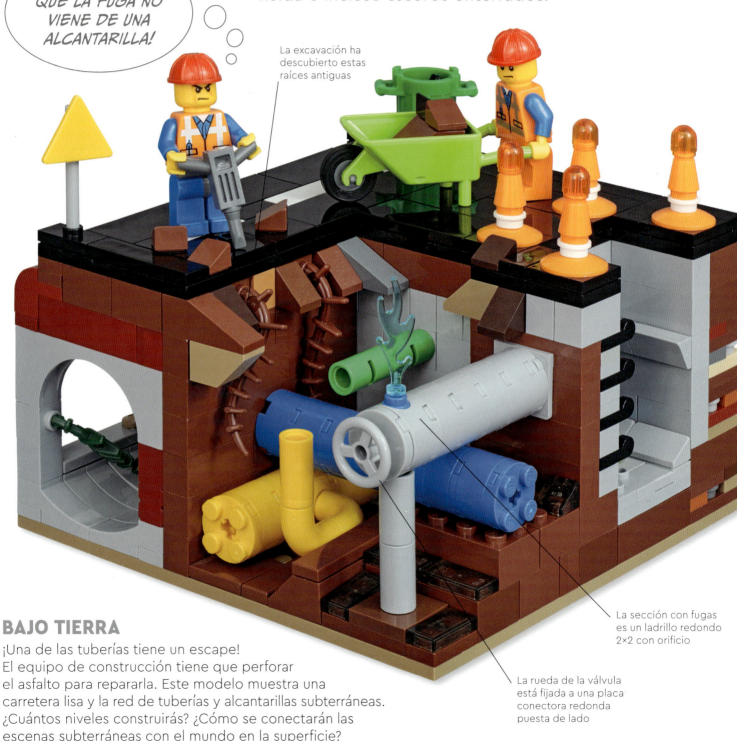

¡MENOS MAL QUE LA FUGA NO VIENE DE UNA ALCANTARILLA!

La excavación ha descubierto estas raíces antiguas

La sección con fugas es un ladrillo redondo 2×2 con orificio

La rueda de la válvula está fijada a una placa conectora redonda puesta de lado

BAJO TIERRA

¡Una de las tuberías tiene un escape! El equipo de construcción tiene que perforar el asfalto para repararla. Este modelo muestra una carretera lisa y la red de tuberías y alcantarillas subterráneas. ¿Cuántos niveles construirás? ¿Cómo se conectarán las escenas subterráneas con el mundo en la superficie?

CONSEJO

La parte superior del modelo esconde espigas colocadas de forma estratégica para conectar las minifiguras, el cubo de basura, los conos y los escombros.

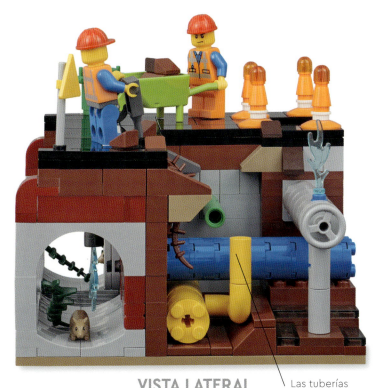

VISTA LATERAL

Las tuberías más finas están hechas con cilindros LEGO Technic

La escalera para descender por el agujero son placas con barra

¿DE DÓNDE HAS SACADO ESA SOPA TAN DELICIOSA?

¡DE ABAJO!

VISTA LATERAL

VISTA DE LA ALCANTARILLA

La rata está conectada a una placa conectora

BAJO TIERRA

El pequeño túnel lateral es ideal para las ratas. Una placa redonda 4×4 con orificio remata la intersección donde se unen los túneles, con cuatro cubiertas curvas encima.

BAJO TIERRA

Las profundidades de la tierra contienen un verdadero tesoro de rocas y de minerales. Los mineros excavan pozos verticales en busca de oro, estaño, cobre y otros recursos. Esta construcción es otro desafío en dos partes: además de una parte oscura y terrosa bajo tierra, tendrás que crear el paisaje de la superficie.

PROYECTO BÁSICO

Objetivo:	Construir una mina de oro
Uso:	Extracción de rocas y minerales valiosos
Elementos:	Entrada, carretilla minera, vías, herramientas, rocas, linternas
Extras:	Almacén de oro, plantas, dinamita

Plantas sobre la parte superior de la construcción, que representa el nivel del suelo

Dos cubiertas componen la viga rota sobre la entrada de la mina

Los mineros siempre necesitan espacio donde almacenar sus herramientas

¡HE ENCONTRADO ORO! ¡SOY RICO!

¡El oro de la entrada sugiere que dentro hay más!

¡SOY MINERO!

Excavar y mover las rocas es un trabajo muy duro. Construye una carretilla y unas vías que faciliten el trabajo a tus minifiguras. Asegúrate de que tengan las herramientas necesarias, además de buena iluminación. ¡No se ve nada ahí abajo!

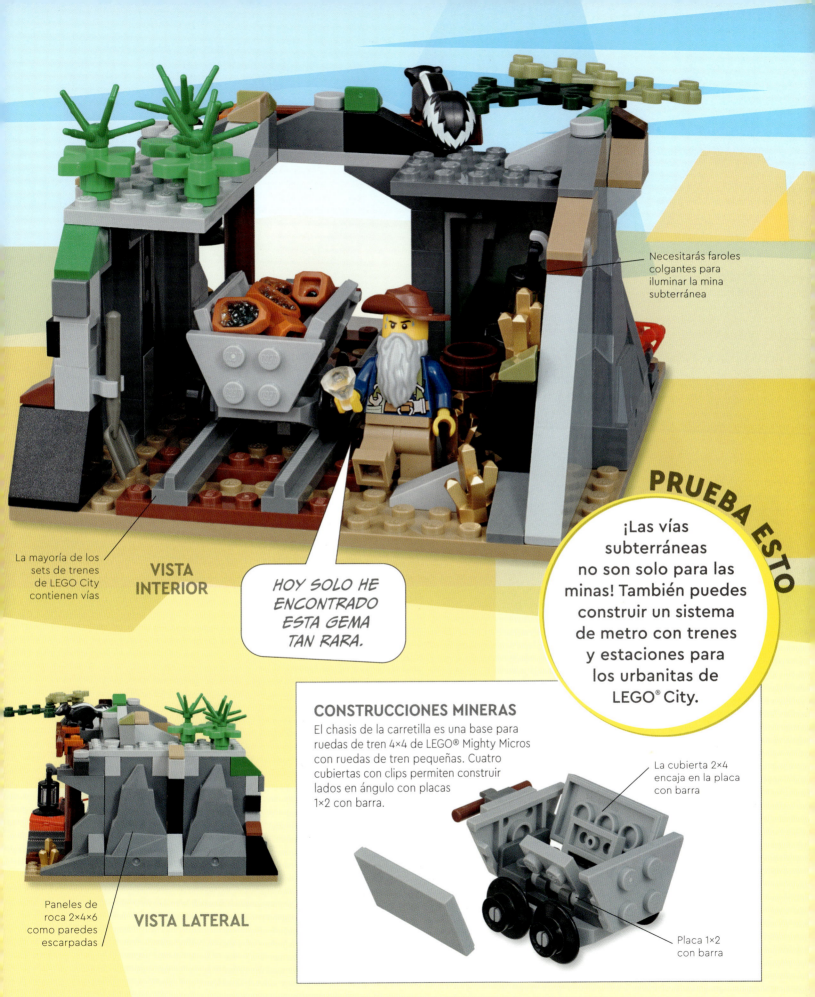

UNA CIUDAD A MICROESCALA

CONSTRUYE TU MUNDO

Los diminutos edificios a microescala plantean un reto de construcción considerable. Con ingenio y un uso creativo de las piezas, los modelos a microescala pueden ser tan impresionantes como los más grandes. Este paisaje urbano es modular, y puedes reorganizar los edificios para diseñar una ciudad distinta.

URBANISMO

Los colores transmiten de una manera muy sencilla qué es cada edificio a microescala. Aquí, el rojo es un parque de bomberos; el blanco es un hospital; y el beis es un bloque de pisos. Sencillos vehículos a microescala, como un camión de bomberos, contribuyen a dar vida a la ciudad.

Los coches se construyen sobre placas 1×1 en el asfalto

La escalera del trampolín es una teja con rejilla puesta de lado

CÁMBIALO

Tu ciudad a microescala no tiene por qué ser modular. Construye un modelo impresionante con varias microconstrucciones sin tener que montarlas sobre una misma base.

PROYECTO BÁSICO

Objetivo: Crear una ciudad a microescala
Uso: Urbanismo, microconstrucción
Elementos: Parque de bomberos, hospital, casas
Extras: Vehículos, árboles, parques

Cubiertas en todos los tejados, para un aspecto más realista

Las espigas desnudas hacen que las zonas verdes resulten más naturales

VISTA LATERAL

Ladrillos redondos 1×1 hacen las veces de depósitos de agua

PARQUE DE BOMBEROS

Las ventanas son ladrillos con faro mirando hacia dentro

BLOQUE DE PISOS

Cubierta 2×4

ESPACIOS PARA LAS BASES

Cada área es una construcción independiente que se puede desplazar para montar ciudades distintas. Se fijan sobre la base principal con placas conectoras, por lo que son estables pero también fáciles de mover.

Placa conectora 2×2

La base principal es una placa 16×16

CONSTRUYE TU MUNDO

SKYLINE COSTERO

¡Bienvenido a la gran ciudad! Ciudades como Londres, Nueva York, Sídney o Dubái son célebres por sus perfiles contra el horizonte, o *skylines*. Úsalas como inspiración o crea tu propio *skyline* imaginario. Sé creativo con los colores, las formas de los tejados y el estilo de las ventanas.

PROYECTO BÁSICO

Objetivo:	Construir un *skyline* costero
Uso:	Un lugar donde trabajar, divertirse e ir de compras
Elementos:	Edificios altos con distintas características arquitectónicas
Extras:	Árboles, agua, muros

URBANISMO

Las posibilidades de construcción en la ciudad son infinitas. Añade algún edificio bajo y ancho o haz que uno de los rascacielos duplique en altura al resto. Una sola hilera de cubiertas azules transparentes será el agua de la costa. Puedes añadir más agua, un muelle e incluso algunas barcas.

ALTA CILINDRADA

Una de las caras de este edificio en L es una pila de ladrillos cilíndricos ligeramente curvos. La otra cara alterna placas 1×1 azules y transparentes en casi toda la altura

¼ de placa circular 1×1

Ladrillo cilíndrico 1×2

Placa 1×1

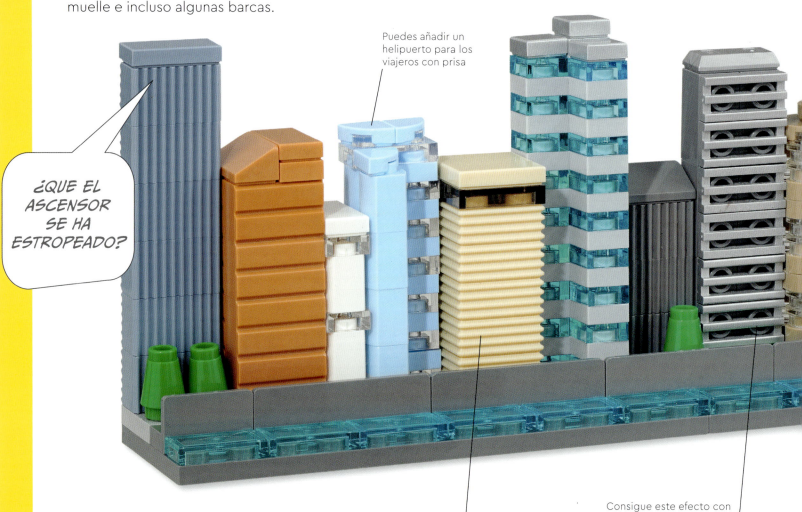

¿QUE EL ASCENSOR SE HA ESTROPEADO?

Puedes añadir un helipuerto para los viajeros con prisa

Ladrillos cresta 1×2 forman la fachada del edificio

Consigue este efecto con cubiertas con rejilla sobre ladrillos con espigas laterales

CONSEJO

Piensa en lo que sucede en el interior de los edificios mientras los construyes. ¿Son bloques de oficinas, viviendas, hoteles o comisarías de policía?

Esta torre es una pila de ladrillos cresta con una cubierta encima

VISTA LATERAL

HA QUEDADO REDONDO

El rascacielos está hecho con piezas redondas, como ladrillos redondos 1×1, placas redondas 2×2 y una cúpula 2×2. La plataforma de observación con forma de ovni está hecha con dos platos radar pequeños encajados en una barra.

Barra

Placas redondas 1×1 apiladas

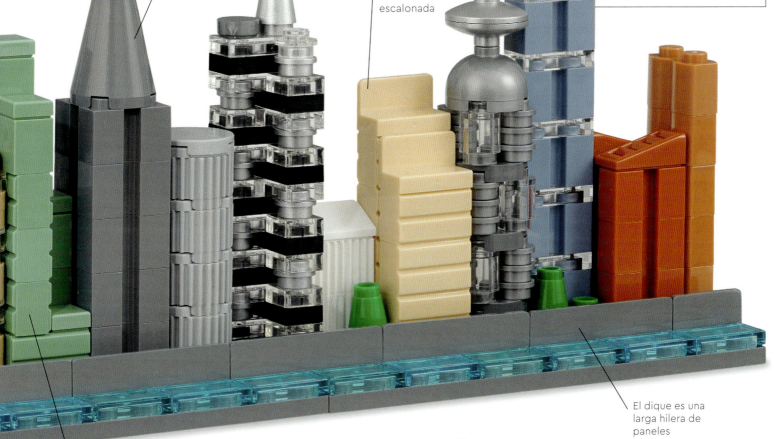

Esta torre fusiforme está hecha con conos y ladrillos con ranuras 2×2

Paneles 1×2×1 rematan esta estructura escalonada

El dique es una larga hilera de paneles

Las piezas con textura puestas de lado tienen un aspecto único

Los edificios descansan sobre dos placas superpuestas

VISTA TRASERA

27

CONSTRUYE TU MUNDO

MICROPUERTO

Un puerto es un lugar bullicioso del que entran y salen con regularidad cargueros, cruceros y yates. Tanto si construyes a microescala como a escala minifigura, todo estriba en los detalles. Este modelo contiene muchos elementos en una placa base 16×16. Hay una grúa lista para cargar y descargar contenedores de un carguero, una fábrica e incluso un elegante bloque de pisos.

PROYECTO BÁSICO

Objetivo:	Construir un puerto a microescala
Uso:	Un lugar de trabajo y diversión
Elementos:	Muelles, barcos, grúa, agua
Extras:	Fábrica, apartamentos, carretera, árboles, automóviles

Los ladrillos con textura otorgan a la fachada de la fábrica un aspecto industrial

Los brotes de plantas se convierten en palmeras en este mundo a microescala

Los mástiles de los yates son bocas de manguera

Los muelles son cubiertas 1×6 construidas sobre placas redondas

SUBE DE NIVEL

Amplía tu escena portuaria hacia la izquierda con una playa con casetas, y hacia la derecha, con multitud de contenedores marítimos de colores.

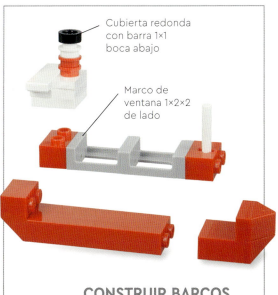

Cubierta redonda con barra 1×1 boca abajo

Marco de ventana 1×2×2 de lado

CONSTRUIR BARCOS

El casco del barco se ha construido de lado, con piezas de marco de ventana a modo de bodegas de carga realistas. La torre de control se ha construido en vertical con placas variadas y se conecta a un ladrillo con espigas blancas.

VISTA DELANTERA

Estas barquitas son placas dentadas del revés

TRABAJO Y PLACER

Este puerto es un área industrial donde los barcos cargan y descargan, pero también es un lugar de moda donde estar. Las embarcaciones pequeñas zarpan del muelle de madera, y los habitantes del bloque de pisos disfrutan de fantásticas vistas al mar.

A VER, ¿DÓNDE HE ATRACADO EL BARCO?

La torre de la grúa es una pieza de valla 1×4 puesta de lado

El faro ayuda a los barcos a navegar en la oscuridad

VISTA LATERAL

PROYECTO BÁSICO

Objetivo: Construir una tienda
Uso: Un lugar para rebuscar y comprar
Elementos: Escaparates, artículos a la venta
Extras: Pavimento, cajero automático, balcón

UN MUNDO DE TENTACIONES

Los atractivos de esta tienda van más allá de los escaparates: las paredes, los marcos de puertas y ventanas y los toldos de colores hacen que sea muy llamativa. Las minifiguras necesitarán espacio para moverse, además de una caja registradora y, por supuesto, ¡muchos JUGUETES!

Cornisa decorativa construida con placas 1×2 con barra

¡QUIERO UNO DE ESOS Y DE ESOS Y DE ESOS!

Las cubiertas grises crean una acera lisa

Las placas conectoras pueden sujetar minifiguras, plantas o parquímetros

JUGUETERÍA

¡Toda calle mayor LEGO® que se precie ha de tener una juguetería! Los escaparates son la característica exterior más importante y han de tener espacio suficiente para exhibir los divertidos productos de la tienda. Pueden ser graciosos, cómicos o festivos, pero han de ser irresistibles, para que ninguna minifigura pueda evitar pararse a mirar.

CONSEJO

Construye edificios de varias plantas con secciones fáciles de separar coronando cada nivel con cubiertas lisas y con alguna placa 1×4 con dos espigas.

El tejado es una placa 10×10

Restos de serie de osos de peluche guardados en una caja en el almacén de la buhardilla

El soporte del cohete es una cubierta 1×1 con clip y una placa con barra

Estas cubiertas están decoradas con imágenes diminutas de sets de LEGO

VISTA DE DESPIECE

Ventana hecha con dos marcos pequeños y uno grande

Los escaparates son paneles de pared 1×6×5 transparentes

VISTA LATERAL

MULTIFUNCIÓN

La parte posterior de la caja registradora se extiende hacia el interior, donde sirve como área para exponer productos. Las placas redondas 1×1 de colores evocan un muro «Pick and Build» de una LEGO Store.

La placa en escuadra 1×2/2×2 tiene cuatro espigas laterales

31

CONSTRUYE TU MUNDO

EN CONSTRUCCIÓN

No hay un lugar mejor para practicar tus habilidades como constructor que un solar en construcción LEGO. ¿A quién le importa que tus minifiguras no terminen nunca la estructura que están construyendo? ¡Puede ser una obra eternamente en construcción! Piensa también en qué vehículos pesados necesitarás.

PROYECTO BÁSICO

Objetivo Uso:	Construir un solar en construcción Construir edificios, excavar y levantar cargas
Elementos:	Edificio en construcción, andamios, vehículos de construcción
Extras:	Barreras de seguridad, herramientas y accesorios para vehículos

QUIZÁ SEA UN POCO PRONTO PARA EMPEZAR A PINTAR.

Una cubierta marrón lisa es un buen tablón de madera

EN CONSTRUCCIÓN

¿Tu edificio a medio hacer será una casa pequeña o un edificio grande, como un castillo o un estadio deportivo? ¡Puede ser una ciudad entera! Reúne a tus minifiguras más habilidosas y ponte a planificar. Mira las piezas de tu colección y piensa en maneras creativas de añadir elementos a medio construir.

Todos los obreros de construcción necesitan una caja de herramientas... ¡o de desayuno!

¡ESTOY PROBANDO COLORES!

Largos ladrillos 1×1×5 para una construcción rápida y sólida

La pared a medias es una combinación de ladrillos con textura y estándar

La base de la barrera es una pinza en una placa conectora redonda

- El gancho de la grúa en una placa con conector para bola de unión
- Una gran jaula de seguridad protege la minifigura de conductor
- La jaula de seguridad encaja sobre un par de cubiertas con clips
- El faro es una placa con anillo 1×1 y una cubierta redonda 1×1
- Neumáticos gruesos para terreno irregular

UN POCO DE AYUDA

Las minifiguras no lo pueden hacer todo solas. Necesitan vehículos pesados como este que las ayuden a despejar, excavar y levantar cosas en el solar. ¿Por qué no colaboras con tus amigos y construís una flota completa?

SUBE DE NIVEL

¡Llama a toda la cuadrilla de obra! ¿Qué maquinaria pesada y qué vehículos te vendría bien tener en el solar? Piensa en las tareas que tendrán que hacer.

- La articulación del brazo de la grúa se ha hecho con placas con barra y placas con clips
- El remolque tiene capacidad para llevar un palé de ladrillos
- **VISTA TRASERA**
- Placa con barra angular para enganchar el remolque
- Placa curva con orificio 2×3
- **REMOLQUE**

CONSTRUYE TU MUNDO

PARQUE EÓLICO

Los parques eólicos suelen estar en lugares ventosos, ya sea junto al mar o sobre montañas. El viento hace girar las aspas de las turbinas, que a su vez hacen girar los generadores eléctricos.

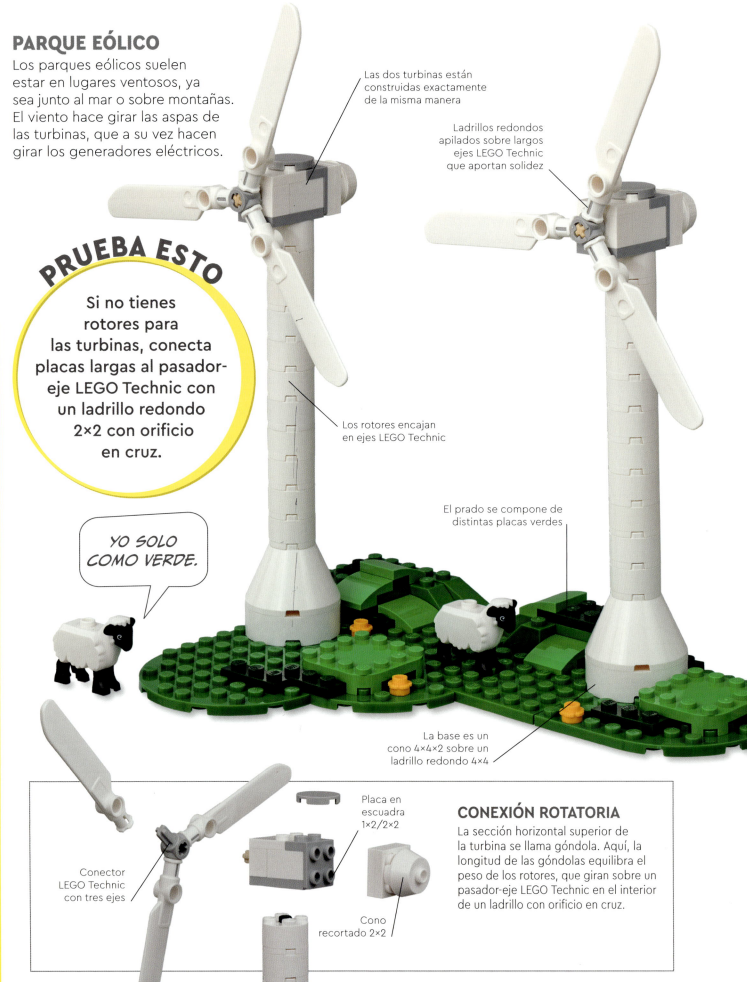

Las dos turbinas están construidas exactamente de la misma manera

Ladrillos redondos apilados sobre largos ejes LEGO Technic que aportan solidez

PRUEBA ESTO
Si no tienes rotores para las turbinas, conecta placas largas al pasador-eje LEGO Technic con un ladrillo redondo 2×2 con orificio en cruz.

Los rotores encajan en ejes LEGO Technic

El prado se compone de distintas placas verdes

YO SOLO COMO VERDE.

La base es un cono 4×4×2 sobre un ladrillo redondo 4×4

Placa en escuadra 1×2/2×2

Conector LEGO Technic con tres ejes

Cono recortado 2×2

CONEXIÓN ROTATORIA

La sección horizontal superior de la turbina se llama góndola. Aquí, la longitud de las góndolas equilibra el peso de los rotores, que giran sobre un pasador-eje LEGO Technic en el interior de un ladrillo con orificio en cruz.

ENERGÍAS RENOVABLES

La energía mueve los automóviles y alimenta nuestros hogares. Las fuentes de energía renovable como el viento, el agua y el sol son inagotables. Lánzate a construir parques eólicos, paneles solares o presas hidroeléctricas. ¡Hasta podrías inventar una manera nueva de generar o usar energías renovables!

PROYECTO BÁSICO

Objetivo:	Construir modelos e ideas de energía renovable
Uso:	Producir energía renovable
Elementos:	Aspas, generadores, fuentes de energía
Extras:	Lugar ventoso, paneles solares

ESTACIÓN DE CARGA

Los automóviles eléctricos no funcionan con gasolina, sino con electricidad. Este coche eléctrico LEGO se «recarga» enchufándolo a la estación de carga con una manguera.

Un ladrillo con faro hace las veces de enchufe de carga

VISTA LATERAL

Conector con pasador LEGO Technic

Cilindro LEGO Technic

A LA CAZA DEL SOL
Los paneles solares sobre la estación de carga se pueden inclinar y orientar hacia el sol durante el día. Están montados sobre placas 2×2 con anillos debajo, que encajan sobre un pasador de fricción LEGO Technic.

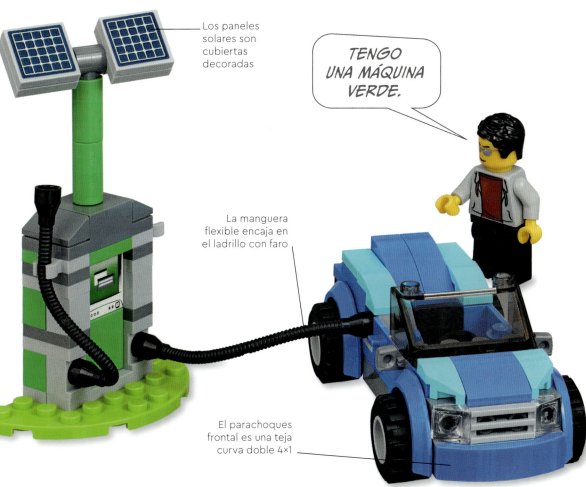

Los paneles solares son cubiertas decoradas

TENGO UNA MÁQUINA VERDE.

La manguera flexible encaja en el ladrillo con faro

El parachoques frontal es una teja curva doble 4×1

CONSTRUYE TU MUNDO

PROYECTO BÁSICO

Objetivo:	Construir un jardín botánico
Uso:	Diseñar paisajes bonitos, construir plantas poco habituales
Elementos:	Muchas plantas y flores, caminos, vallas, invernadero
Extras:	Ornamentos, estatuas, farolas, fuentes, bancos

PRUEBA ESTO

Hay flores de todas las formas y tamaños. Busca algunas que te llamen la atención cerca de donde vives o navega por internet para inspirarte.

JARDÍN BOTÁNICO

Este maravilloso jardín botánico está repleto de plantas de todo el mundo. Los visitantes pueden viajar por áreas tropicales y desérticas y admirar flores fantásticas que normalmente no estarían a su alcance. Para tu jardín botánico, puedes recrear plantas reales o cultivar una flora fantástica que solo exista en tu imaginación.

DISEÑO VERDE

Planificar es fundamental a la hora de construir un jardín botánico. Además de pensar qué cultivarás y dónde lo plantarás, te debes asegurar de que haya multitud de senderos que tus minifiguras puedan recorrer durante la visita. ¿Añadirás fuentes, estatuas o bancos en los que descansar?

El pistilo de esta planta es la corona de una minimuñeca

El camino es una sola placa de carretera 16×16

¡SHHH!

VISTA LATERAL

INVERNADERO

Los invernaderos te permiten cultivar plantas de climas tropicales. Usa ventanas LEGO para crear una estructura transparente que proteja las plantas tropicales todo el año.

El tejado está hecho con cinco ventanas inclinadas

Estos cristales amarillos se suelen usar como patatas fritas para las minifiguras

ILUMINAR EL JARDÍN

Añade ambiente a tu jardín botánico con estas farolas para los visitantes vespertinos. Esta farola clásica tiene un ladrillo con espigas laterales en el centro y de las que cuelgan cuatro faroles.

Cada farol está construido sobre un rodillo de pintura de minifigura

¡EH! ¡ESTÁ PROHIBIDO ARRANCAR LAS FLORES!

Una calabaza roja hace las veces de un capullo superbulboso

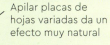

Apilar placas de hojas variadas da un efecto muy natural

VISTA LATERAL

ALDEA FLOTANTE

Algunas veces querrás construir ubicaciones históricas con tanta precisión como te sea posible, y en otras ocasiones combinarás realismo y fantasía para crear algo extraordinario y distinto. Elegir qué edificios incluir en una aldea medieval ya es interesante de por sí, pero ¿y si construyes la aldea sobre el agua?

PROYECTO BÁSICO

Objetivo:	Construir una aldea flotante medieval
Uso:	Un lugar histórico y nada habitual en el que vivir
Elementos:	Casas, taberna, edificios
Extras:	Balsas, tiendas, puentes

VISTA LATERAL

- El cartel colgante de la taberna es una cubierta con clips 2×3
- Los elementos verdes sugieren musgo sobre el tejado
- Los ladrillos con arco encajan a la perfección sobre las ventanas curvas
- Los visitantes pueden amarrar las barcas a la tarima de madera
- Las placas azules superpuestas parecen un río caudaloso
- El centro de la balsa es un ladrillo 1×2×2 con espigas laterales

PRUEBA ESTO

Los aldeanos flotantes necesitan barcas si quieren comer algo que no sea pescado. ¿Por qué no construyes una barcaza de tendero con vela y puesto de venta?

BALSA

TABERNA MEDIEVAL

Las vigas exteriores negras y las ventanas de celosía otorgan un aspecto medieval a la aldea. Construye un espacio en el que las minifiguras se puedan reunir para tomar algo. ¿Qué otros lugares podrían necesitar? ¿Qué tal un mercado con puestos de comida?

El tejado plano está hecho con dos placas 4×6 con espigas perimetrales

La mayoría de las casas medievales son más grandes en la primera planta que en la planta baja

LA CASA DEL ALCALDE

Esta casa pertenece al más VIP del pueblo, que tanto puede ser el alcalde como tu minifigura preferida, y tiene banderines LEGO dorados alrededor de la entrada. ¿Cómo harás que la tuya destaque entre el resto de las viviendas?

VISTA TRASERA

Tejas curvas dan forma al tejado

¿QUIÉN ES ESE INTRUSO?

Todas las casas de la aldea tienen un salvavidas colgado en el exterior

Tejas invertidas sostienen el voladizo superior

VIVIR SOBRE EL AGUA

Los pilares dejan pasar las olas por debajo de las casas de la aldea para que no rompan contra las paredes. Usa placas grandes para construir plataformas sólidas sobre los pilares y otras más pequeñas para añadir muelles y puentes.

Una placa 4×6 es el muelle delantero

La plataforma principal es una placa 10×12

Pequeñas piezas transparentes hacen centellear la superficie del agua

CASAS SOBRE EL AGUA

Las casas están construidas sobre pilares que las mantienen elevadas sobre el agua. En vez de jardines, tienen muelles donde las minifiguras pueden amarrar sus barcas o sentarse a pescar algo para la cena. ¿Y si tiendes puentes que conecten todos los edificios?

39

ESTACIÓN DE TREN MODERNA

Las estaciones de trenes son de los edificios más icónicos del mundo. Las hay de todo tipo, desde ornamentadas e históricas hasta estilizadas obras maestras modernas. Las piezas curvas y transparentes dan a la estación a microescala una imagen moderna y minimalista.

PROYECTO BÁSICO

Objetivo:	Construir una estación de ferrocarril
Uso:	Llegada y salida de trenes
Elementos:	Edificio de la estación, vías, trenes
Extras:	Árboles, jardín, taquilla

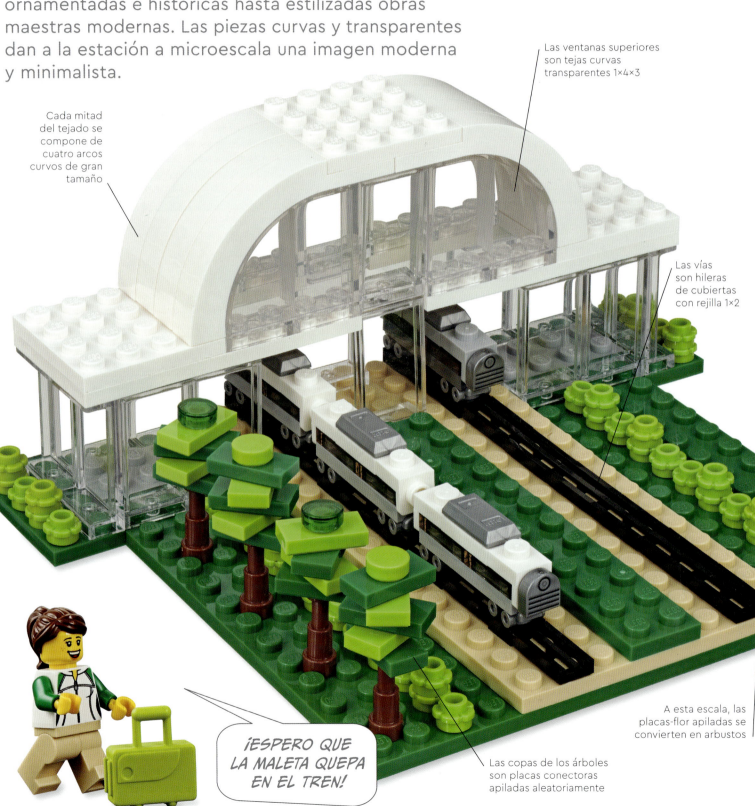

Cada mitad del tejado se compone de cuatro arcos curvos de gran tamaño

Las ventanas superiores son tejas curvas transparentes 1×4×3

Las vías son hileras de cubiertas con rejilla 1×2

A esta escala, las placas-flor apiladas se convierten en arbustos

Las copas de los árboles son placas conectoras apiladas aleatoriamente

¡ESPERO QUE LA MALETA QUEPA EN EL TREN!

LAS COSAS CLARAS

El vestíbulo de la estación se ha construido íntegramente con paneles transparentes. Los paneles frontales y posteriores tienen la cara panelada hacia fuera, mientras que los laterales miran hacia dentro. Así se evita que queden huecos en las esquinas.

Panel transparente 1×2×3 mirando hacia dentro

DENTRO Y FUERA

Abundantes piezas transparentes curvas y rectangulares forman ventanales que van del suelo al techo y crean un interior luminoso. Los espacios verdes del exterior ofrecen una calma que contrasta con el bullicio de la estación.

VISTA TRASERA

La parte frontal de las locomotoras es una cubierta curva

CÁMBIALO

Esta estación tiene dos trenes iguales, pero la tuya podría recibir un tren bala supermoderno o una locomotora a vapor antigua.

Placas en escuadra 1×1/1×1 enmarcan las ventanas en ambos extremos

Las ruedas de tren son patines de minifigura

VAGÓN DE TREN

VISTA DELANTERA

Los vagones no están unidos en realidad

CONSTRUYE TU MUNDO

PROYECTO BÁSICO

Objetivo:	Construir una sala de conciertos
Uso:	Espacio para las actuaciones
Elementos:	Escenario, luces, altavoces, cabinas de DJ, micrófonos
Extras:	Pista de baile, asientos

Los focos son megáfonos de minifiguras

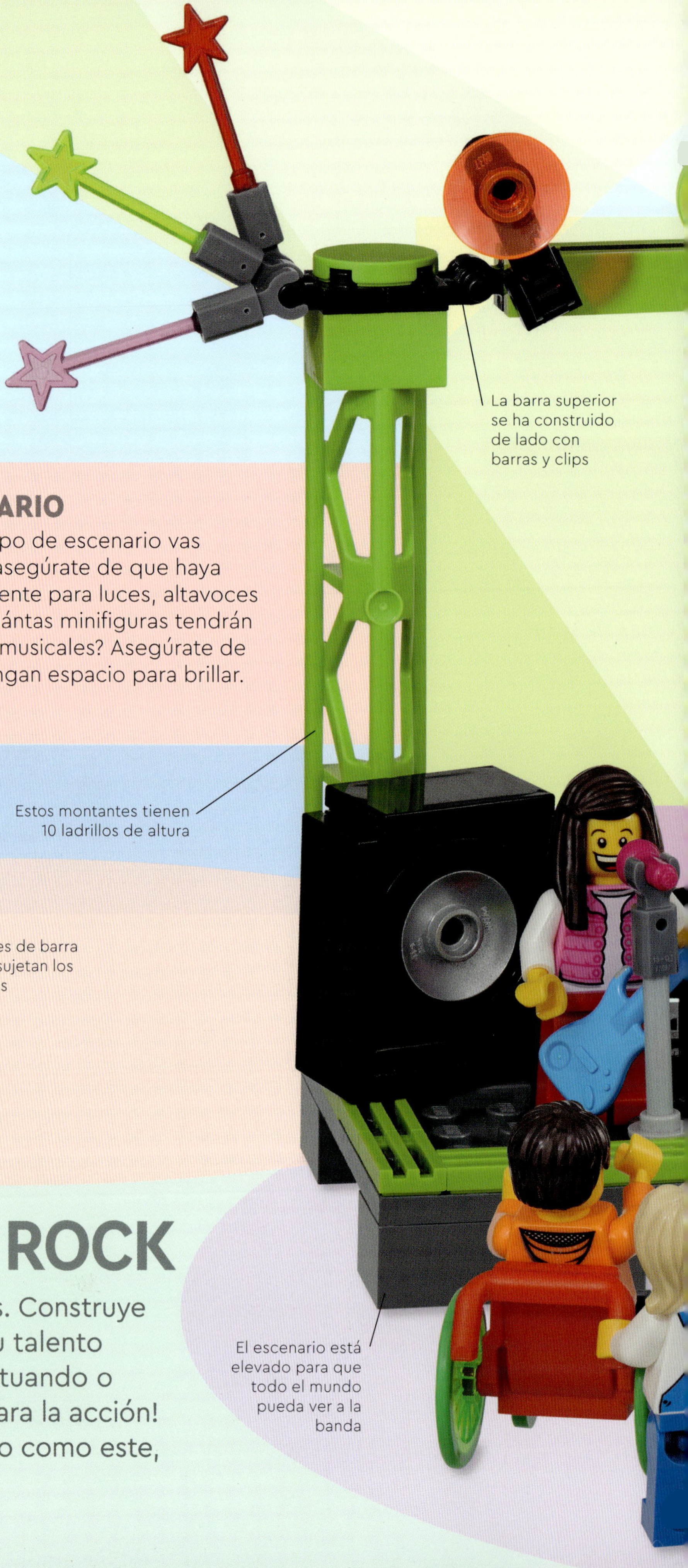

La barra superior se ha construido de lado con barras y clips

EL ESCENARIO

Decide qué tipo de escenario vas a construir y asegúrate de que haya espacio suficiente para luces, altavoces y artistas. ¿Cuántas minifiguras tendrán instrumentos musicales? Asegúrate de que todos tengan espacio para brillar.

Estos montantes tienen 10 ladrillos de altura

Conectores de barra con clips sujetan los micrófonos

VISTA LATERAL

CONCIERTO DE ROCK

Algunas minifiguras son artistas natas. Construye un lugar donde puedan compartir su talento tocando instrumentos, cantando, actuando o bailando. ¡Esta banda está a punto para la acción! Puedes construir un escenario sencillo como este, un teatro o un estadio entero.

El escenario está elevado para que todo el mundo pueda ver a la banda

CONSTRUYE TU MUNDO

PROYECTO BÁSICO

Objetivo:	Construir un observatorio
Uso:	Observar el cielo nocturno
Elementos:	Tejado abovedado, telescopio móvil, escotilla
Extras:	Telescopio más pequeño, jardín, criaturas nocturnas

La mayoría de las piezas de este búho son placas colocadas del revés

Un plato radar 4×4 transparente hace las veces de objetivo del telescopio

SUBE DE NIVEL

Monta el observatorio sobre una placa giratoria y tus minifiguras astrónomas tendrán una vista aún mejor. ¡Podrán observar el cielo nocturno en todas direcciones!

UN BUEN SITIO

La mejor ubicación para un observatorio es lejos de la luz artificial, de modo que el cielo nocturno se vea con claridad. Este descansa sobre una placa base verde, pero el tuyo podría estar en lo alto de una colina. ¿Qué entorno crearás a su alrededor?

La base es una placa 16×16

OBSERVATORIO

¡El cielo es el límite con LEGO! Las minifiguras más curiosas podrán escudriñar el cielo desde este observatorio, cuyo tejado abovedado oculta un telescopio listo para ascender por la escotilla y apuntar a las estrellas. Los telescopios no tienen por qué ser grandes. ¿Y si construyes uno más pequeño para observar las estrellas desde el jardín?

Las tuberías están fijadas a la base, no a la pared

VISTA LATERAL

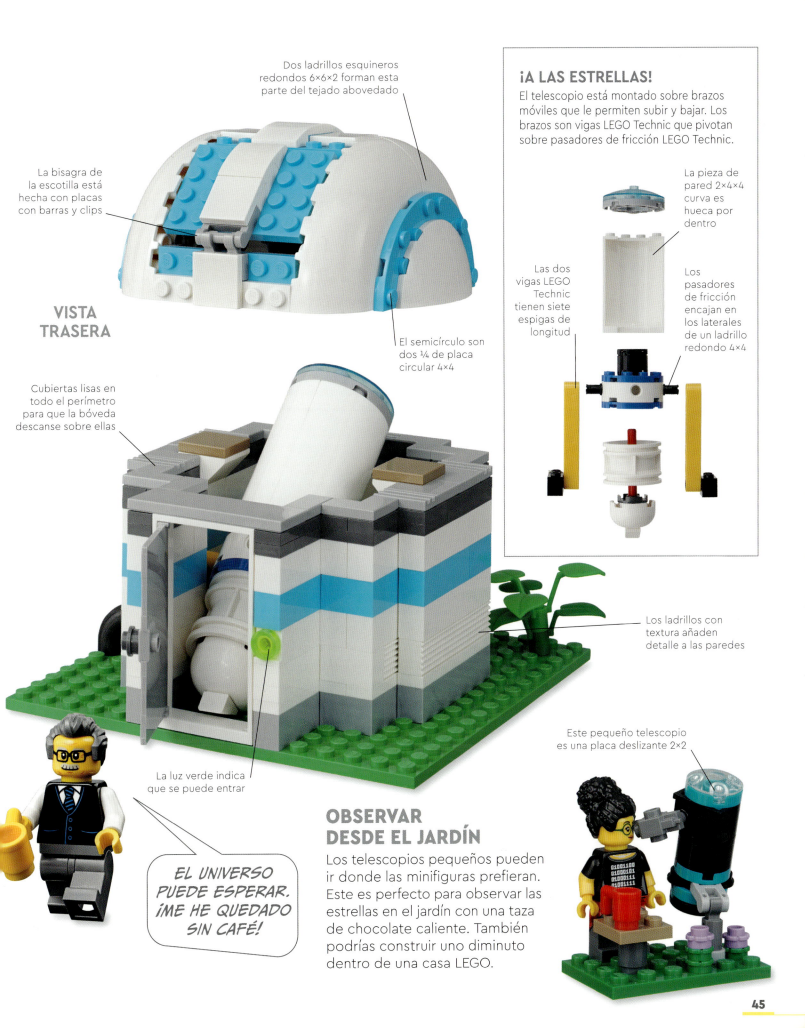

PROYECTO BÁSICO

Objetivo: Construir una granja
Uso: Cuidar del ganado, cultivar el campo
Elementos: Viviendas de los animales, barro, campos de cultivo
Extras: Plantas, vallas, espantapájaros

EN LA GRANJA

Reconecta con la naturaleza en esta granja. Piensa en qué es lo que más te gusta de las granjas. Construye un edificio grande, como la vivienda, o varios modelos más pequeños, como estos. El gallinero, el campo de maíz y un chiquero se podrían sumar a los modelos de tus amigos en una construcción en equipo.

Cubiertas lisas rematan la parte posterior del tejado

VISTA TRASERA

CASAS FELICES

Construir casas para los animales es muy divertido. Pueden ser refugios sencillos o modelos más elaborados. ¿Crees que a las gallinas les gustaría tener una terraza en la azotea o una piscina? ¿O una valla bien alta para mantener a raya a los zorros...?

CORRAL

Este gallinero de tablones tradicional está hecho con cubiertas lisas sobre ladrillos con espigas laterales. Dentro se ha empotrado una percha de incubación en la pared posterior. ¿Cuándo romperá el cascarón el pollito?

La percha es una placa 2×3

Cubierta 1×2

La ventana con celosía se asemeja a malla de alambre

La parte del tejado en pendiente es una sola teja 6×8

¡QUIZÁ ESTE NO SEA EL MEJOR DISFRAZ PARA UN LADRÓN DE GALLINAS!

La puerta baja y se convierte en una rampa

Los pilares mantienen el gallinero seco y caliente

La placa base marrón clara es tierra desigual y embarrada

CONSTRUYE TU MUNDO

Los brazos son brotes de zanahoria

VISTA TRASERA

¡ALEJAOS!

Protege tus cultivos de las aves hambrientas con un espantapájaros. Hazlo tan aterrador como puedas. ¿De qué otras maneras podrías proteger tus cultivos? ¿Y si pusieras a algunos gatos a patrullar la valla? ¿O a un ejército de cuervos?

El cuerpo del espantapájaros es un ladrillo 1×1 con cuatro espigas laterales

Las mazorcas de maíz son cepillos de minifigura

La valla está hecha con cubiertas y ladrillos con espigas laterales 1×1

VALLAS

Las vallas del chiquero se han hecho con barras y con conectores de barra con clips. Para fijar las barras a la base del modelo, encájalas en piezas con espigas huecas.

Conector de barra con clip

Barra

Placa redonda 1×2

La puerta es una cubierta 2×3 con clips

¿CÓMO ES POSIBLE QUE SIEMPRE SE ESCAPEN?

PRUEBA ESTO

¿Cuántos animales distintos puedes construir con ladrillos? ¿Cuál es la menor cantidad de piezas que puedes utilizar para construir un pato reconocible?

BARRO, DULCE BARRO

Los cerdos tienen comida, agua y un barrizal donde refrescarse. ¿Qué más podrían pedir? ¿Quizá una pocilga para dormir a cubierto o un caballo que les haga compañía?

Placas marrón oscuro como barro removido

Las cubiertas redondas 1×1 son ideales como piedras

CONSTRUYE TU MUNDO

TRACTOR

En las granjas LEGO siempre hay mucho que hacer, desde cultivar cosechas hasta cuidar del ganado, y pocas máquinas trabajan más que un tractor LEGO. Este necesario vehículo transporta al agricultor y a los animales por el terreno y ayuda a plantar y a cosechar el campo. ¿Qué accesorios podrías construir?

PROYECTO BÁSICO

Objetivo:	Construir un tractor
Uso:	Remolcar, sembrar, cosechar
Elementos:	Neumáticos grandes, volante, asiento, motor
Extras:	Remolques, herramientas, maquinaria adicional

FUERA DE PISTA

Los tractores han de poder avanzar por terrenos embarrados, por lo que necesitan neumáticos robustos. ¡El resto depende de ti! Experimenta con colores y con características especiales. ¿Qué podría remolcar tu tractor o qué trabajo podría hacer?

VISTA LATERAL

Un micrófono de minifigura remata el freno de mano

Las ruedas delanteras encajan en una placa con pasadores 2×4

VISTA INFERIOR

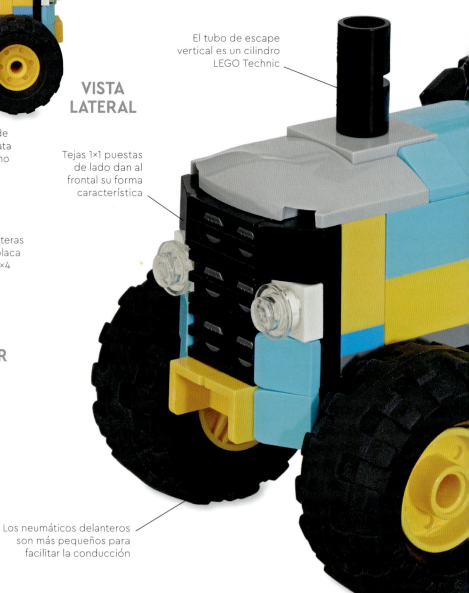

El tubo de escape vertical es un cilindro LEGO Technic

Tejas 1×1 puestas de lado dan al frontal su forma característica

Los neumáticos delanteros son más pequeños para facilitar la conducción

PRUEBA ESTO

En las granjas hay mucho más que tractores. ¿Por qué no construyes una cosechadora, un avión sembrador o un arado tirado por caballos?

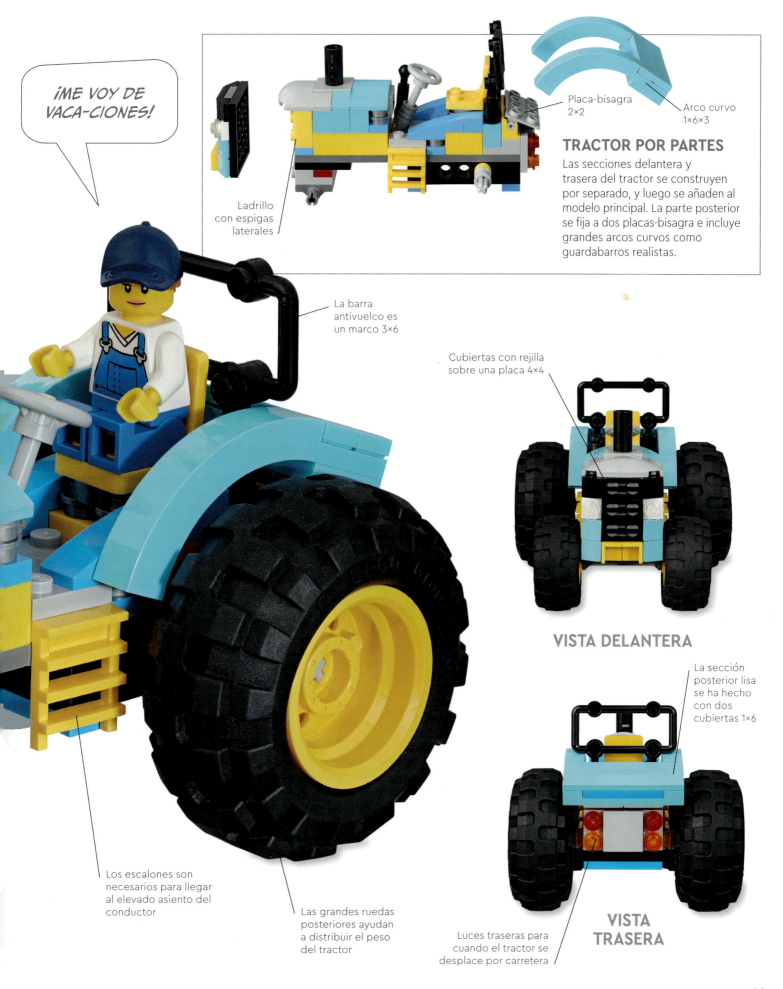

¡ME VOY DE VACA-CIONES!

Placa-bisagra 2×2

Arco curvo 1×6×3

TRACTOR POR PARTES

Las secciones delantera y trasera del tractor se construyen por separado, y luego se añaden al modelo principal. La parte posterior se fija a dos placas-bisagra e incluye grandes arcos curvos como guardabarros realistas.

Ladrillo con espigas laterales

La barra antivuelco es un marco 3×6

Cubiertas con rejilla sobre una placa 4×4

VISTA DELANTERA

La sección posterior lisa se ha hecho con dos cubiertas 1×6

Los escalones son necesarios para llegar al elevado asiento del conductor

Las grandes ruedas posteriores ayudan a distribuir el peso del tractor

Luces traseras para cuando el tractor se desplace por carretera

VISTA TRASERA

49

PROYECTO BÁSICO

Objetivo: Construir el escenario de un concurso de talentos
Uso: Demostrar talentos especiales
Elementos: Escenario, focos, mesa del jurado
Extras: Cámaras, pulsadores

El botón dorado lanza «confeti» dorado sobre el escenario

Luces de discoteca enmarcan el escenario

El foco sube y baja

¡ESPERO QUE SALGA BIEN!

Tres jueces sentados tras una imponente mesa

CONCURSO DE TALENTOS

Este escenario es más de lo que parece. Cuando los jueces pulsan los pulsadores rojos, pueden abrir una trampilla, alzar una bandera blanca o bombardear a los concursantes con peces caídos del cielo. Por suerte, también hay un botón dorado que sirve para regar a los verdaderos talentos con confeti brillante.

¡BOTONES!

Los botones rojos están sobre un mecanismo de balancín oculto, y otro balancín central levanta la trampilla del centro. Los balancines a lado y lado conectan con «picas» en L que inclinan la bandera y vuelcan el cubo de pescado.

Los pivotes de la trampilla son placas con anillos 2×2

Los balancines se inclinan sobre estas placas con anillos 2×2

El balancín es una placa 2×8

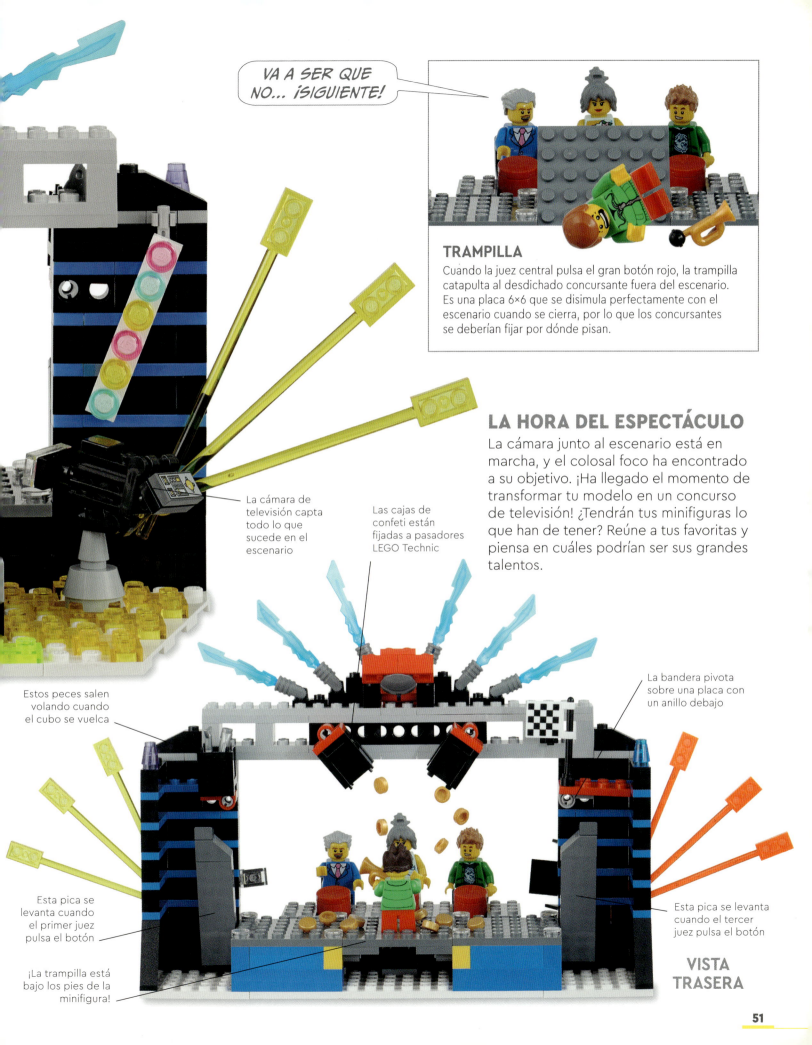

VA A SER QUE NO... ¡SIGUIENTE!

TRAMPILLA

Cuando la juez central pulsa el gran botón rojo, la trampilla catapulta al desdichado concursante fuera del escenario. Es una placa 6×6 que se disimula perfectamente con el escenario cuando se cierra, por lo que los concursantes se deberían fijar por dónde pisan.

LA HORA DEL ESPECTÁCULO

La cámara junto al escenario está en marcha, y el colosal foco ha encontrado a su objetivo. ¡Ha llegado el momento de transformar tu modelo en un concurso de televisión! ¿Tendrán tus minifiguras lo que han de tener? Reúne a tus favoritas y piensa en cuáles podrían ser sus grandes talentos.

La cámara de televisión capta todo lo que sucede en el escenario

Las cajas de confeti están fijadas a pasadores LEGO Technic

La bandera pivota sobre una placa con un anillo debajo

Estos peces salen volando cuando el cubo se vuelca

Esta pica se levanta cuando el primer juez pulsa el botón

¡La trampilla está bajo los pies de la minifigura!

Esta pica se levanta cuando el tercer juez pulsa el botón

VISTA TRASERA

51

¡A EXPLORAR SE HA DICHO!

En este viaje descubrirás animales, extraterrestres, criaturas míticas, vikingos y mucho más. Conocerás las maravillas de la antigüedad, conducirás vehículos antiguos, visitarás ciudades y hábitats naturales y aterrizarás en otros planetas. ¿A qué esperas? ¡Empaqueta tus piezas LEGO®... y a explorar se ha dicho!

PROYECTO BÁSICO

Objetivo: Construir edificios a microescala
Uso: Exposición, viaje, miniaventuras
Elementos: Detalles a pequeña escala
Extras: Recuerdos, vehículos, personas diminutas

MONUMENTOS

Solo necesitarás un puñado de piezas y un poco de imaginación para levantar edificios y monumentos célebres a microescala. Estos modelos son pequeños pero de gran impacto. Expón tus diminutos edificios en tu dormitorio para que tus amigos y tú podáis recorrer el mundo sin ni siquiera salir de casa.

El agua son cubiertas transparentes sobre una placa azul

VISTA LATERAL

Una cubierta con dientes verticales es el tejado con forma de concha

Tejas 1×1 como la zona verde del puerto

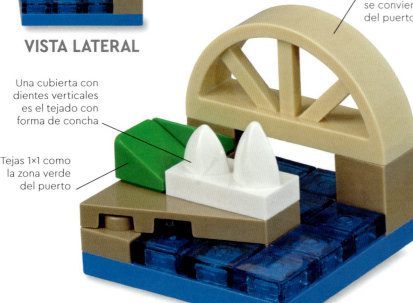

Una ventana redondeada se convierte en el puente del puerto de Sídney

CONSEJO

Estudia fotografías de edificios o monumentos reales y fíjate bien en los detalles que faciliten su identificación. ¿Qué piezas de tu colección puedes usar para recrearlos?

Ladrillo con espigas laterales 1×1

Fija las cubiertas con rejilla una vez hayas acabado la base

HACIA ARRIBA

Construye el rascacielos sobre una base ancha y estable y levanta el resto de la estructura en capas. Las cubiertas con rejilla y algunas de las placas se montan de lado.

Las placas conectoras fijan el edificio a la base

ÓPERA DE SÍDNEY

Una sola pieza LEGO da forma de vela a este edificio a microescala y permite identificarlo al instante. ¿Por qué no construyes el resto del puerto con algunas piezas más?

EMPIRE STATE

Solo necesitarás una pequeñísima fracción de los 10 millones de ladrillos que se emplearon en este rascacielos en el mundo real. Apila ladrillos con espigas laterales y levanta una estructura alta y sólida que te permita añadir detalles.

Una barra y una placa redonda 1×1 forman la torre de transmisiones

Las cubiertas con rejilla 1×2 parecen ventanas

Con solo dos piezas conseguirás un icónico taxi amarillo

TAJ MAHAL

El Taj Mahal, en Agra (India), es un edificio simétrico, como este micromodelo. La construcción del Taj Mahal duró 16 años, pero esta versión en miniatura no te debería costar tanto.

La puerta con arco es la parte posterior de una placa dentada

Una bóveda 2×2 forma la cúpula bulbosa central

Construye los minaretes con conos 1×1 y barras

EJE CENTRAL

La microconstrucción oculta en su interior una placa redonda 1×1 dorada unida a una barra. La barra asegura el tejado al pasar por una placa redonda con orificio 2×2 y por la bóveda.

Placa redonda 1×1 con espiga abierta

La parte posterior de un ladrillo con faro sostiene la puerta

Ladrillos redondos 1×1 como árboles y arbustos

MAGNIFIQUE!

VISTA TRASERA

TORRE EIFFEL

Este edificio tiene una forma muy característica, por lo que recrearlo con un puñado de piezas LEGO es fácil. Puedes construir la torre aislada o fijarla a los jardines del Trocadero.

La bandera francesa son dos placas 1×1 y una cubierta con clip

Dos bases redondas 1×1 transparentes conectan la torre y la base

Dos cubiertas 1×3 sugieren el río Sena

COMITÉ DE DINOSAURIOS

¡Un asteroide se acerca a la Tierra! ¿Se podrán poner a salvo los dinosaurios? Estos dinosaurios se han sentado a la mesa para explorar ideas. Solo necesitas una mesa, un árbol, el asteroide y varios dinosaurios para crear una escena como esta. ¿Por qué no adaptas otros sucesos históricos?

PROYECTO BÁSICO

Objetivo: Reinventar una escena histórica
Uso: Resolución de problemas y juego
Elementos: Dinosaurios, mesa de juntas
Extras: Asteroide, paisajes prehistóricos

PRUEBA ESTO

Construye alguna máquina que pueda atrapar el asteroide o desviar su trayectoria. ¿Qué artilugios asombrosos se te ocurren?

ÁRBOL
- Un ladrillo redondo 2×2 dentado añade una capa de verde

T-REX
Este T-rex (*Tyrannosaurus rex*) rojo apunta ideas febrilmente. Las manitas están hechas con cubiertas con clip, que le permiten agarrar objetos.

- ¿Es esta barra un lápiz, un puntero o una varita mágica con la que hacer desaparecer asteroides?
- Ladrillos redondos 2×2 como patas sólidas
- Una placa con 3 dientes como garras afiladas

¡SI NO SE NOS OCURRE NADA, PASAREMOS A LA HISTORIA!

ESTEGOSAURIO
Este «pequeñín» tiene pies grandes, un cuerpo grande, placas óseas grandes... y un cerebro pequeñito. Su gran idea es golpear el asteroide con la cola.

- Teja 1×2 como placa ósea
- Teja piramidal 1×1 para una cola con pinchos

¡A EXPLORAR SE HA DICHO!

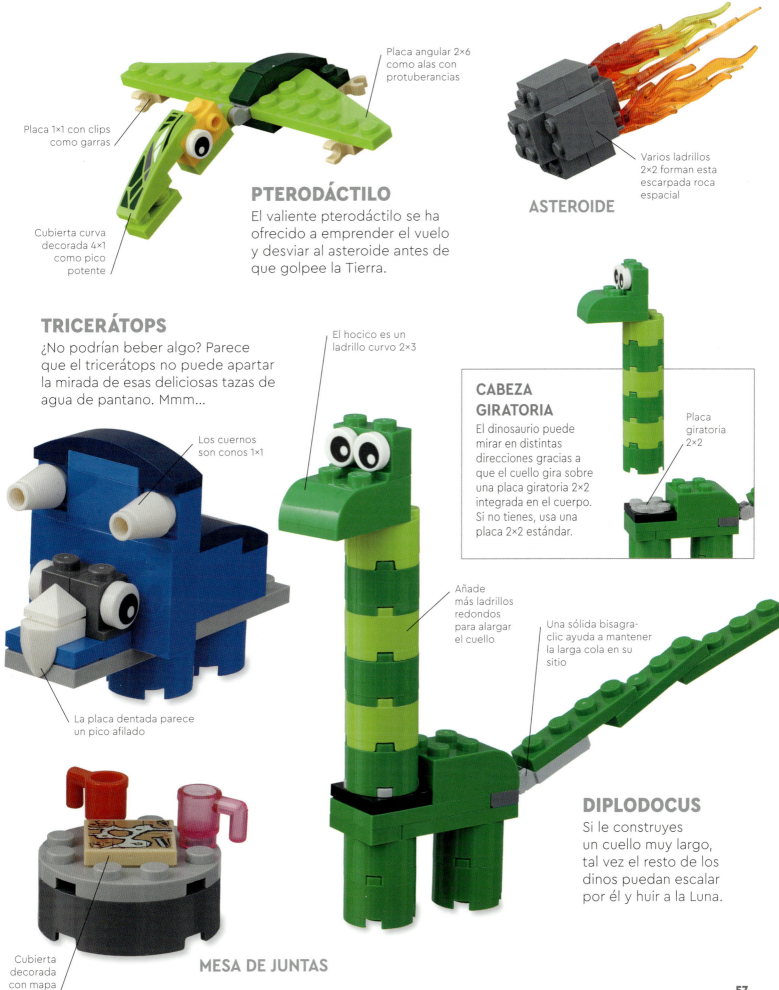

ANTIGUO EGIPTO

PROYECTO BÁSICO

- **Objetivo:** Construir el Egipto antiguo a microescala
- **Uso:** Explorar el mundo antiguo
- **Elementos:** Esfinge, templo, ribera del Nilo
- **Extras:** Vegetación, embarcaciones

La esfinge de Guiza ha presenciado miles de años de historia. ¡Imagina lo que habrá llegado a ver esta célebre estatua! El río Nilo, claro. Palmeras, por supuesto. Y pirámides, sin duda. Esta escena a microescala cuenta con embarcaciones y un muelle que lleva a un templo junto al río. ¿La tuya será tan serena como esta o incluirá una momia descontrolada decidida a sembrar el caos?

A ORILLAS DEL NILO

En una microconstrucción como esta, diminutas plantas de tres hojas parecen palmeras altas, mientras que una sola cubierta se convierte en un largo muelle. También puedes añadir más pirámides de varios tamaños.

A TODA VELA

Bastan tres piezas para construir esta diminuta embarcación. Usa más piezas o elementos mayores si la quieres más grande.

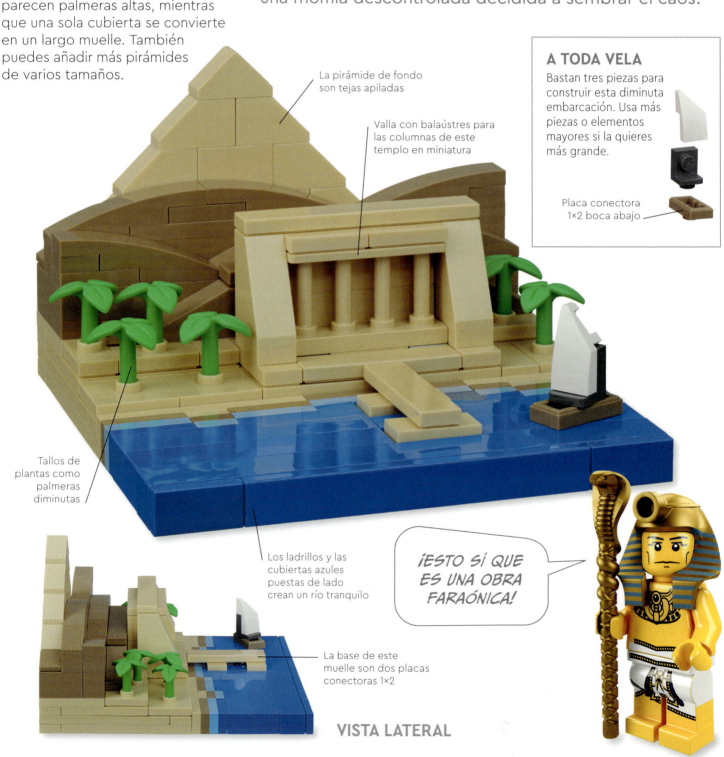

- La pirámide de fondo son tejas apiladas
- Valla con balaústres para las columnas de este templo en miniatura
- Placa conectora 1×2 boca abajo
- Tallos de plantas como palmeras diminutas
- Los ladrillos y las cubiertas azules puestas de lado crean un río tranquilo
- La base de este muelle son dos placas conectoras 1×2

VISTA LATERAL

¡ESTO SÍ QUE ES UNA OBRA FARAÓNICA!

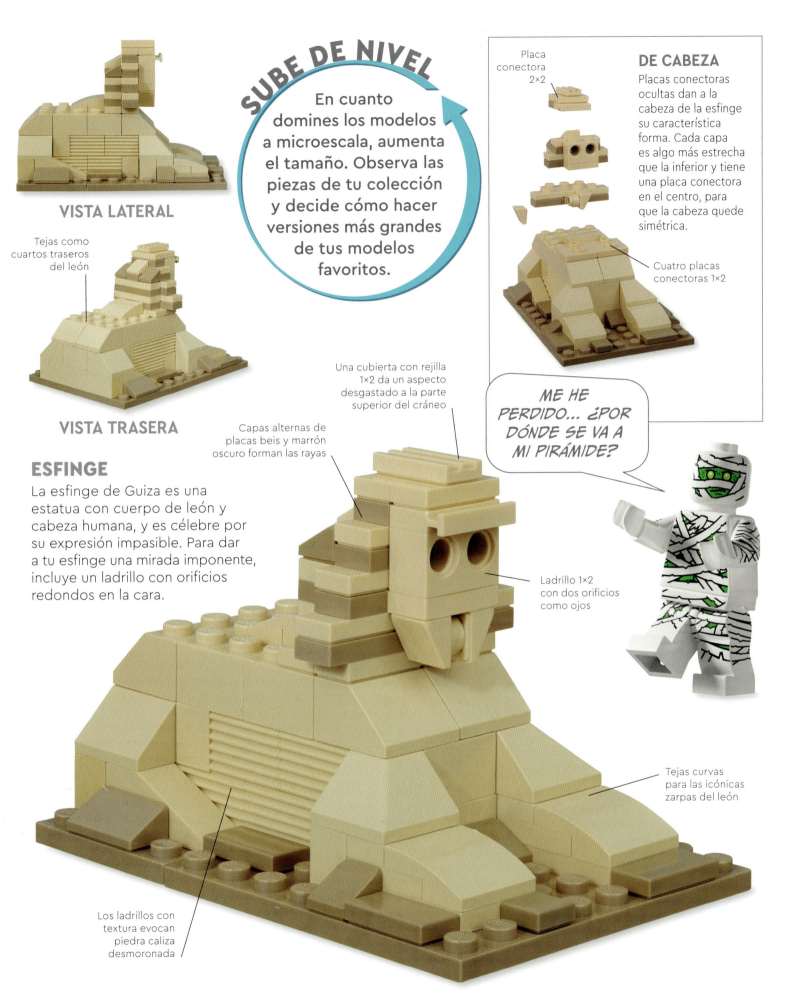

VISTA LATERAL

Tejas como cuartos traseros del león

VISTA TRASERA

SUBE DE NIVEL

En cuanto domines los modelos a microescala, aumenta el tamaño. Observa las piezas de tu colección y decide cómo hacer versiones más grandes de tus modelos favoritos.

Placa conectora 2×2

DE CABEZA

Placas conectoras ocultas dan a la cabeza de la esfinge su característica forma. Cada capa es algo más estrecha que la inferior y tiene una placa conectora en el centro, para que la cabeza quede simétrica.

Cuatro placas conectoras 1×2

ESFINGE

La esfinge de Guiza es una estatua con cuerpo de león y cabeza humana, y es célebre por su expresión impasible. Para dar a tu esfinge una mirada imponente, incluye un ladrillo con orificios redondos en la cara.

Una cubierta con rejilla 1×2 da un aspecto desgastado a la parte superior del cráneo

Capas alternas de placas beis y marrón oscuro forman las rayas

Ladrillo 1×2 con dos orificios como ojos

ME HE PERDIDO... ¿POR DÓNDE SE VA A MI PIRÁMIDE?

Tejas curvas para las icónicas zarpas del león

Los ladrillos con textura evocan piedra caliza desmoronada

TRANSPORTES ANTIGUOS

PROYECTO BÁSICO	
Objetivo:	Construir vehículos antiguos
Uso:	Viajar como en el pasado
Elementos:	Asientos, mecanismos de dirección, tipo de tracción
Extras:	Ruedas, equipaje, iluminación

¡Viaja al pasado a lo grande! Antes de existir motores, los vehículos se movían por tracción animal, vapor, viento o aire caliente. Prueba a construir un carruaje o un globo aerostático como estos o un barco de vela o un automóvil a vapor. Busca imágenes de medios de transporte antiguos para inspirarte y hacer tus creaciones clásicas.

TOMA ASIENTO

Los carruajes llevaban a varios pasajeros a la vez, así que deja espacio para los asientos y para estirar las piernas. ¡Las bebidas y el picoteo son opcionales!

Tallo vegetal dorado para el extremo de la baranda del portaequipajes

¡LA JOYA O LA VIDA!

Usa piezas doradas para añadir detalles lujosos

Conecta ladrillos pequeños, placas conectoras y placas dentadas para construir el equipaje

CARRUAJE

Este carruaje tirado por caballos está hecho para viajar por caminos de tierra y calles adoquinadas. Tiene un asiento para el conductor, y es cómodo por dentro. Arriba hay espacio para el equipaje… ¡y para escenificar atracos espectaculares!

Un ladrillo 1×2 sujeta las riendas del caballo

El escalón para subir al carruaje es una placa 1×2 con barra

¡A EXPLORAR SE HA DICHO!

ANIMALES FANTÁSTICOS

Estas criaturas multicolores ocultan un secreto mágico: todos los cuerpos se construyen de un modo muy parecido. Construye un torso cuadrado y añádele las características únicas de cada animal. El unicornio necesitará un cuerno, y es posible que el dragón escupa fuego. ¿Qué le añadirías a Pegaso o a una sirena?

PROYECTO BÁSICO

Objetivo:	Construir criaturas mágicas
Uso:	Poblar reinos encantados
Elementos:	Cuernos, colas, ojos
Extras:	Arcoíris, fuego, pinchos

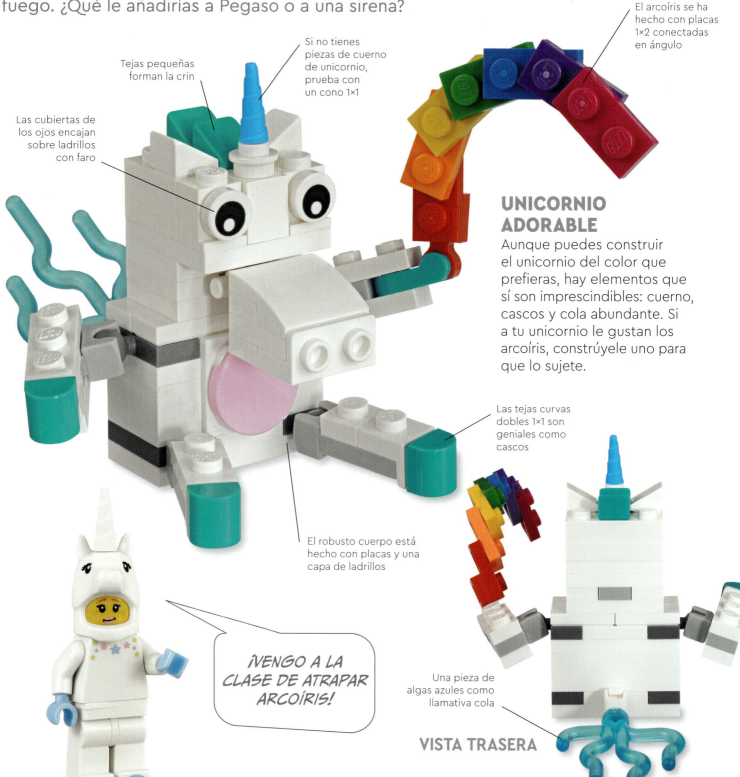

Tejas pequeñas forman la crin

Si no tienes piezas de cuerno de unicornio, prueba con un cono 1×1

Las cubiertas de los ojos encajan sobre ladrillos con faro

El arcoíris se ha hecho con placas 1×2 conectadas en ángulo

UNICORNIO ADORABLE

Aunque puedes construir el unicornio del color que prefieras, hay elementos que sí son imprescindibles: cuerno, cascos y cola abundante. Si a tu unicornio le gustan los arcoíris, constrúyele uno para que lo sujete.

Las tejas curvas dobles 1×1 son geniales como cascos

El robusto cuerpo está hecho con placas y una capa de ladrillos

Una pieza de algas azules como llamativa cola

¡VENGO A LA CLASE DE ATRAPAR ARCOÍRIS!

VISTA TRASERA

¡A EXPLORAR SE HA DICHO!

DRAGÓN ARDIENTE

Este feroz dragón lanzallamas tiene una cola escamosa y cuernos afilados, pero le puedes poner una piel lisa e incluso alas con plumas. ¡Deja volar tu imaginación cuando construyas estas criaturas míticas!

Cubierta con clip 1×1 para las garras

Placas redondas 1×1 para que los cuernos parezcan más largos

Un clip sujeta el morro

El conector del pie encaja con una unión esférica

BUENA POSTURA

Si usas piezas conectoras que permitan mover las extremidades y los elementos de tus criaturas, podrás cambiarlas de posición al jugar con ellas. La nariz y la boca de este dragón suben y bajan, mientras que los brazos y las piernas pueden girar.

Lingotes beis como piel pétrea

El largo pie es una teja curva fijada a una placa con conector

Las espigas abiertas de estas placas redondas 1×1 parecen narinas de dragón

Puedes cambiar este cuerno por uno de los de dragón

CÁMBIALO

Estas criaturas se construyen de un modo parecido: prueba a intercambiar brazos, patas, cabezas, colas y otros elementos para crear así una combinación mágica.

CARRERA ESPACIAL

Esta no es una pista de carreras cualquiera. ¡Es una pista de carreras espaciales! Tres naves pasan por aros mientras cruzan a toda velocidad la nebulosa LEGO (tu casa). Los pilotos no se perderán si les indicas el recorrido con flechitas que parecen flotar en el espacio. Hay varias maneras de construir los aros, así que sé creativo. ¡Esperemos que sean aros de verdad, no agujeros negros!

PROYECTO BÁSICO

Objetivo:	Construir naves espaciales y una pista de carreras a microescala
Uso:	Volar por el espacio
Elementos:	Alas, propulsores
Extras:	Aros, luces, marcadores de ruta

¿Construirás aros, cuadrados u obstáculos completamente distintos, como vallas, para los pilotos de carreras?

Luces de emergencia sobre placa redonda 1×1

Los colores brillantes son fáciles de ver en la oscuridad del espacio

Ladrillo-bisagra 1×4 con clic

¡EH! ¡TE HAS SALTADO EL SEMÁFORO!

El signo de la flecha está construido de lado sobre una placa base 2×3

FLECHAS DE RECORRIDO

Construye una base sólida para que el aro se sostenga solo

ARO DE SALIDA

PREPARADOS, LISTOS...

Construye semáforos para dar la salida. En el espacio, puedes usar los colores que prefieras para que los pilotos se detengan, arranquen o frenen. O construye flechas para indicar a los pilotos la dirección que han de seguir.

Semáforo sobre placa redonda 1×1

Placa 1×3 sobre ladrillo con espigas laterales

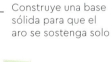

Placa base 3×3

LUCES DE SALIDA

- Una placa 1×4 tapa las placas conectoras
- Placa bisagra 1×2
- Placa con conector para uniones esféricas 1×2

DOS TÉCNICAS

Los dos aros sobre la pista tienen un aspecto muy similar, pero se han construido con piezas conectoras diferentes. El primero usa bisagras-clic, mientras que el otro utiliza uniones esféricas con conector. Ambas técnicas permiten que las piezas formen un círculo.

¡LLEVO AÑOS LUZ DE VENTAJA!

Placas adicionales para reforzar el aro

ARO DE META

- El cono recortado puede ser tanto un centro de control como un módulo de escape

PASA POR EL ARO

La primera nave que cruce los dos aros se alzará con la victoria. Si pasar por los aros te parece demasiado fácil, añade obstáculos para retar a tus pilotos. ¿Qué te parecerían un asteroide o un extraterrestre enfurecido?

VISTA TRASERA

- Una placa y un ladrillo redondos como propulsores

- Una cubierta con rejilla 1×2 como conducto de ventilación

- Las cubiertas lisas dan una imagen aerodinámica

- Las alas suben y bajan

- Usa piezas transparentes para los parabrisas

SUBE DE NIVEL

Construye una pista de carreras con gradas y un podio para coronar al vencedor. Utiliza un cronómetro y compite con las naves de tus amigos para ver cuál es la más rápida.

NAVES ESPACIALES EN MINIATURA

Basta un puñado de ladrillos para construir una nave espacial a microescala. Busca una forma triangular, con alas a ambos lados y, quizá, un cono como nariz afilada.

- Piezas de catalejo o telescopio como cañones antiasteroides

- Las alas se abren y se cierran gracias a conexiones con clip y con barra

65

¡A EXPLORAR SE HA DICHO!

EN EL ESPACIO

¡Despega en una gran misión en busca de nuevos planetas LEGO! Pueden ser rocosos o lisos, grandes o pequeños... Para poder explorar esos lugares nuevos y emocionantes, necesitarás una nave y otros equipos, como un caminante mecánico y un laboratorio. ¿Qué secretos galácticos te aguardarán?

PROYECTO BÁSICO

Objetivo:	Construir planetas imaginarios
Uso:	Viajes espaciales, aventuras intergalácticas, investigación científica
Elementos:	Planetas, caminante mecánico, laboratorio, nave espacial
Extras:	Equipo de excavaciones, gemas

Dos propulsores de gran tamaño dan a la nave el empuje que necesita para volar

Satélite con plato radar para transmitir tus descubrimientos a la Tierra

Cubiertas con clips sujetan el parabrisas de la cabina

La base de esta luz de emergencia es un telescopio

Estos binoculares son un microscopio para examinar las muestras

¿HEMOS CONSTRUIDO ALGUNA CAFETERÍA ESPACIAL? ¡ESTOY SECA!

OBJETO VOLANTE SÍ IDENTIFICADO

¿Cómo te moverás por tu planeta? Da a tu nave la forma que quieras, pero deja espacio para que una o dos minifiguras se sienten a los controles de la cabina. Esta tiene patines de aterrizaje hechos con placas, pero la tuya puede tener ruedas o patas.

LABORATORIO DE INVESTIGACIÓN

Construye un laboratorio donde estudiar el planeta. Añade elementos tecnológicos y un lugar donde estudiar las muestras que recojas. Construye una pequeña estación de investigación como esta o un edificio entero.

PRUEBA ESTO

Construye una superficie planetaria más grande con ayuda de un amigo. Cread vuestras construcciones y conectadlas para crear un mundo completamente nuevo.

Busca o construye material para excavar

Ladrillos 1×1 y tejas piramidales forman gemas espaciales

Las tejas dan un aspecto rocoso a la superficie

SUPERFICIE PLANETARIA

La superficie de tu planeta puede ser de cualquier cosa, desde rocas y agua hasta queso, pasando por masa para galletas. Usa piezas LEGO transparentes para añadir elementos que excavar, como gemas o rocas espaciales.

NO, PERO MI CAMINANTE TIENE UNA CAFETERA INTEGRADA.

Personaliza el caminante con elementos añadidos, como un detector de metales

La pieza transparente parece un faro

Esta pieza grande tiene una unión esférica que encaja en un ladrillo con conector

CONSTRUCCIÓN DEL ESQUELETO

Construye el esqueleto del caminante antes de añadir los elementos decorativos y las características adicionales. Si no tienes una pieza de cabina grande como esta, prueba a construir una forma parecida con ladrillos y placas más pequeños.

Pieza de cabina 4×2×3

Construye el pie de lado y hacia fuera a partir de esta placa con conector 1×2

Las tejas curvas forman patas lisas y robustas

Los pies son anchos y se han construido de lado

CAMINANTE MECÁNICO

Es posible que las minifiguras necesiten material especial para explorar terreno desconocido. Este caminante mecánico cuenta con uniones esféricas con conector que permiten que los brazos y las piernas se muevan. Si no dispones de estas piezas, prueba con otras piezas conectoras, como clips y barras o bisagras-clic.

DRAKKAR VIKINGO

Si tus minifiguras anhelan aventuras, constrúyeles un *drakkar* y zarpa en un viaje al estilo de los vikingos. Piensa en a dónde irán y qué podrían descubrir. Quizá viajarán a una aldea vikinga para disfrutar de un banquete o de un festival... pero, ¡atención!, las olas podrían ocultar un gran peligro...

PROYECTO BÁSICO

Objetivo:	Construir una aventura vikinga
Uso:	Transporte, exploración
Elementos:	*Drakkar* vikingo, mástil, vela
Extras:	Mascarón de proa, serpientes marinas, escudos

DESPLEGAR LA VELA

El barco irá más rápido y más lejos con una vela como esta, hecha uniendo hileras de placas. Asegúrate de que la vela no sea demasiado larga, o debajo no quedará espacio suficiente para la tripulación.

Las placas marrones aseguran las rojas y las blancas

Placa 2×8

Placa-cuña 3×2

UN BARCO LARGO

La clave para construir un *drakkar* vikingo es que sea más largo que ancho. Los construían de madera y tenían velas de tela. Este lleva un dragón como mascarón de proa (la parte delantera). ¿Qué mascarón llevará el tuyo?

La cuerda con espigas laterales parece cordaje de barco

Placa con barra

Construye un mástil robusto apilando ladrillos redondos 2×2

Arcos curvos 1×3×2 forman el cuello de dragón

El casco de madera es más fino en la proa (extremo anterior) y en la popa (extremo posterior) del barco

Escudos tallados protegen a los remeros

¡A EXPLORAR SE HA DICHO!

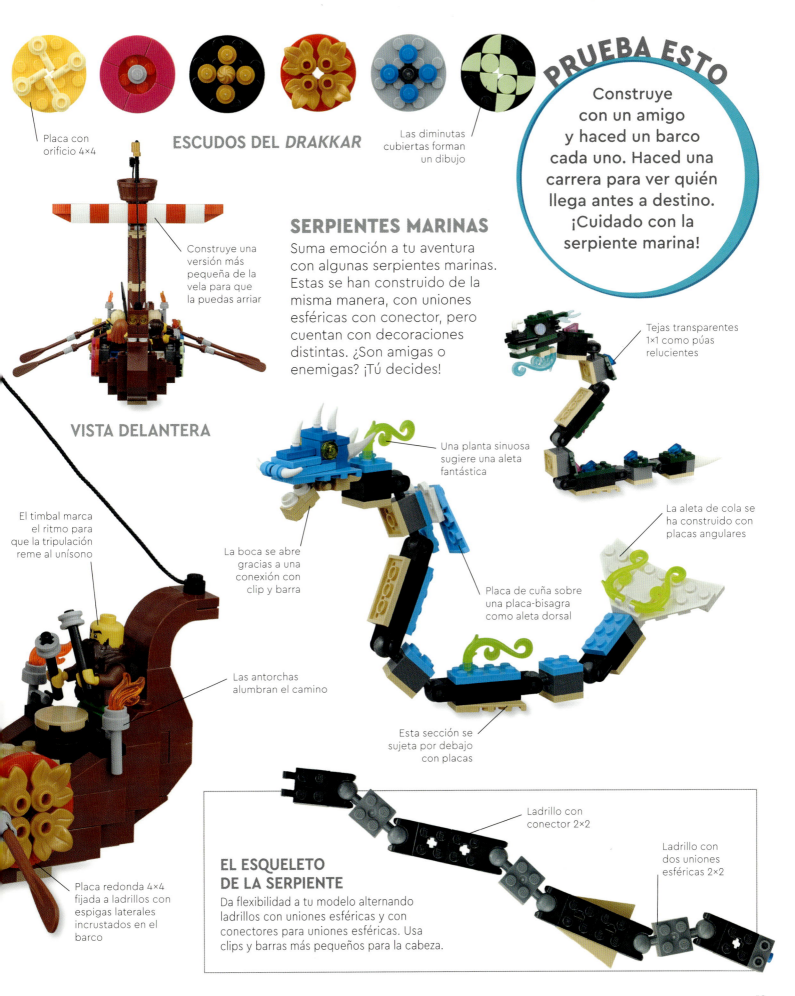

¡A EXPLORAR SE HA DICHO!

PUENTE LEVADIZO

La puerta descansa sobre placas con anillos LEGO® Technic. Las placas giran sobre pasadores para que la puerta pueda subir y bajar. Asegúrate de que el puente sea lo bastante largo como para tapar la puerta cuando la subas para proteger el castillo.

Placa LEGO Technic 2×2 con anillo

Esta teja curva mantiene la placa 2×2 en su sitio

CASTILLO MEDIEVAL

¡Alto! ¿Quién va? Las torres, torretas y almenas de este castillo son fantásticas para espiar a los enemigos mientras se aproximan. Eso sí, acuérdate de alzar el puente levadizo cuando tus minifiguras partan a una justa. Si quieres darle un toque personal, puedes incluir banderines con tus colores preferidos o con los de tu equipo deportivo favorito.

Tejas de distintos tamaños forman un tejado puntiagudo

Si las ventanas con rejas te parecen poco acogedoras, utiliza piezas transparentes

¡ESTOY ESPERANDO AL REPARTIDOR DE PIZZA!

Usa piezas negras y con distintos tonos de gris para conseguir un tono natural y desgastado

Ladrillos 1×2 con textura para los muros de madera

Apila placas azules para construir un foso de aguas revueltas

PROYECTO BÁSICO

Objetivo: Construir un castillo
Uso: Hogar para caballeros, batallas
Elementos: Torres, torretas, gran entrada
Extras: Puente levadizo, foso, mazmorras, muralla, almenas

DISEÑO DEFENSIVO

Los castillos son eminentemente defensivos. Esta fortaleza cuenta con gruesos muros de piedra, un foso, un puente levadizo y ventanas con rejas. ¡Incluso hay una mazmorra en la que encerrar a los adversarios que consigan entrar en el castillo!

Ladrillos marrones como viga de madera para conseguir un aspecto medieval

Si no tienes un ladrillo en arco como este, usa tejas o dos medios arcos para conseguir uno parecido

Fija antorchas encendidas a las paredes para iluminar el interior del castillo

VISTA TRASERA

CÁMBIALO

Distintos colores producen castillos muy distintos. Usa ladrillos marrones y beis para un castillo de madera o colores brillantes si prefieres uno de cuento de hadas.

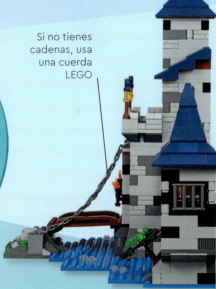

Si no tienes cadenas, usa una cuerda LEGO

VISTA LATERAL

La mayoría de los castillos medievales tenían almenas

¡Este castillo es tan antiguo que le está creciendo un árbol en el muro!

Construye escalones de piedra sobre los que el puente levadizo pueda descansar

BAJO TIERRA

En el sótano hay una mazmorra oculta. ¿Es el esqueleto una minifigura que quedó allí olvidada o se estará echando una siesta? ¡Pregúntaselo al ratón! Si no quieres construir una celda, puedes modernizar el castillo con un cuarto de baño de piedra.

La valla con balaústres funciona como las rejas de la prisión

MARAVILLAS ANTIGUAS

¡No necesitas una máquina del tiempo para viajar al pasado! Investiga un poco y usa tu colección LEGO para construir algunas de las maravillas antiguas del mundo, o bien como tuvieron que ser recién construidas, o bien en ruinas. ¿Qué maravillas construirás? ¿Qué te parecen el Coliseo de Roma o la Gran Muralla china?

PROYECTO BÁSICO	
Objetivo:	Construir monumentos antiguos
Uso:	Explorar el pasado
Elementos:	Ruinas, columnas, cascadas, plantas
Extras:	Entorno, estatuas

Dos tejas con rejilla 1×2 forman el «frontón» del templo

VISTA DELANTERA

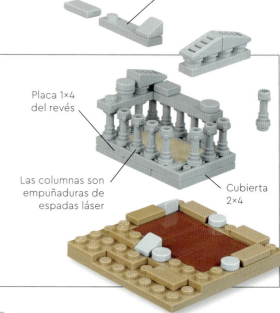

DALE LA VUELTA

La parte inferior se ha construido del revés. Tres cubiertas 2×4 forman la base, y cuatro placas encajan en ellas con las espigas hacia abajo. Las columnas se introducen en los espacios de las espigas de cada placa 1×4 y conectan la parte superior e inferior.

Placa 1×4 con dos espigas

Placa 1×4 del revés

Las columnas son empuñaduras de espadas láser

Cubierta 2×4

PARTENÓN

Los griegos antiguos construyeron este templo de mármol hace más de dos mil años. Antiguamente estaba lleno de bellísimas estatuas y esculturas. Las ruinas que nos han llegado solo conservan parte del techo, pero las columnas del perímetro siguen intactas.

Cubiertas y tejas pequeñas son todo lo que queda del techo

Placas apiladas forman la colina de terreno rocoso

¡SE TENDRÍA QUE LLAMAR A-PARTES-NÓN!

¡A EXPLORAR SE HA DICHO!

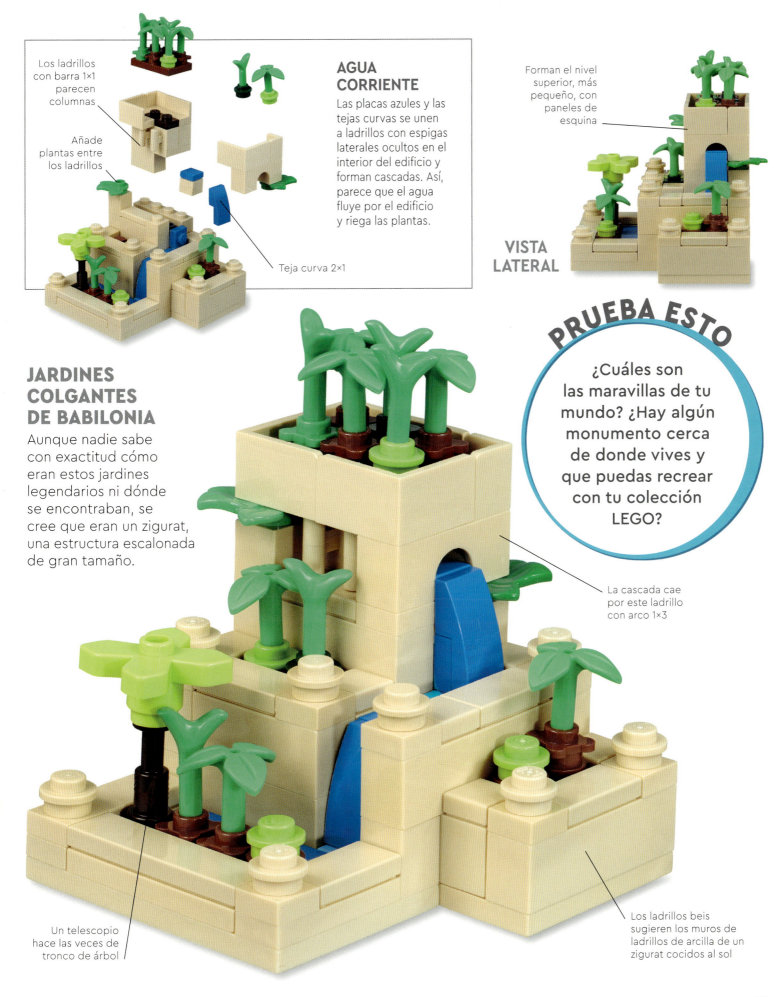

Los ladrillos con barra 1×1 parecen columnas

Añade plantas entre los ladrillos

AGUA CORRIENTE

Las placas azules y las tejas curvas se unen a ladrillos con espigas laterales ocultos en el interior del edificio y forman cascadas. Así, parece que el agua fluye por el edificio y riega las plantas.

Teja curva 2×1

Forman el nivel superior, más pequeño, con paneles de esquina

VISTA LATERAL

JARDINES COLGANTES DE BABILONIA

Aunque nadie sabe con exactitud cómo eran estos jardines legendarios ni dónde se encontraban, se cree que eran un zigurat, una estructura escalonada de gran tamaño.

PRUEBA ESTO

¿Cuáles son las maravillas de tu mundo? ¿Hay algún monumento cerca de donde vives y que puedas recrear con tu colección LEGO?

La cascada cae por este ladrillo con arco 1×3

Un telescopio hace las veces de tronco de árbol

Los ladrillos beis sugieren los muros de ladrillos de arcilla de un zigurat cocidos al sol

73

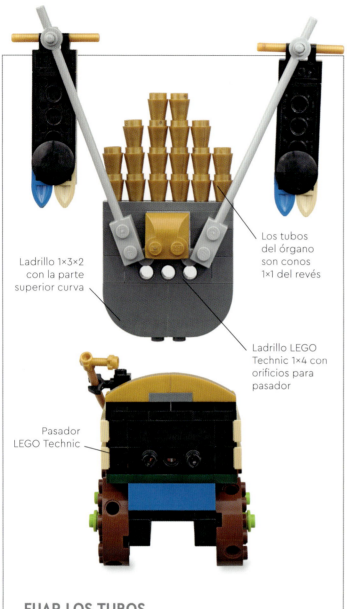

Ladrillo 1×3×2 con la parte superior curva

Los tubos del órgano son conos 1×1 del revés

Ladrillo LEGO Technic 1×4 con orificios para pasador

Pasador LEGO Technic

FIJAR LOS TUBOS
Unas pocas piezas LEGO Technic conectan los tubos del órgano al resto del instrumento en la parte posterior del carro. En el órgano, unos pasadores en un ladrillo negro con orificios para pasador se introducen en una versión gris del mismo ladrillo debajo de los tubos.

PROYECTO BÁSICO

Objetivo:	Construir una carreta y una banda medievales
Uso:	Un desfile musical mágico
Elementos:	Carreta, instrumentos musicales
Extras:	Varita mágica, animales

La barra 1×12 tiene una espiga en un extremo y una placa 1×2 en el otro

Cubiertas largas colocadas de lado son tablones de madera

VISTA LATERAL

CARRETA
En la Edad Media, muchas personas viajaban en carretas como esta. Construye tu propio vehículo con grandes ladrillos redondos con orificio para pasador. Y no te olvides de que necesitarás animales, como este buey, que tiren del carro.

¡ESTO NO ES MÚÚÚÚSICA!

BANDA MEDIEVAL

¿Preparado para salir de fiesta como si fuera 1099? Organiza un desfile medieval con un carromato de madera que tenga un toque mágico, y haz que tus minifiguras musicales se suban al carro. También puedes pensar en otros tipos de fiestas de antaño. ¿Cómo sería una fiesta de la Edad de Piedra? ¿Y un carnaval de máscaras en la Venecia antigua?

La trompeta está hecha con tres piezas

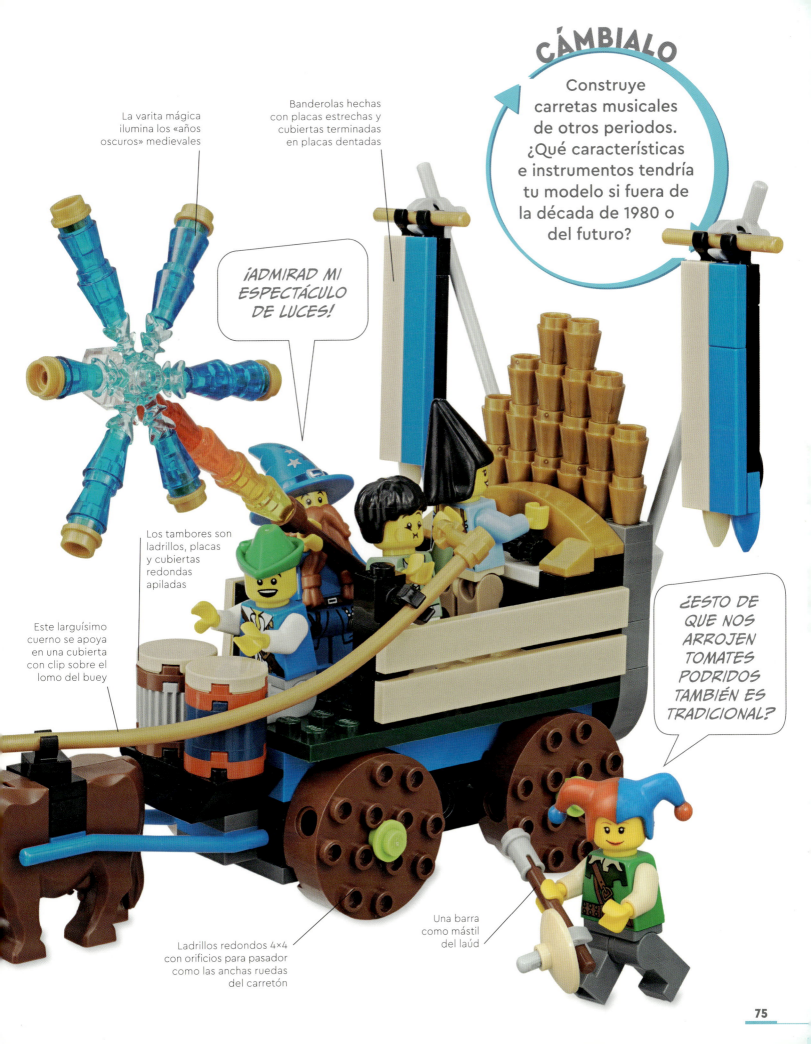

¡A EXPLORAR SE HA DICHO!

VIDA EXTRATERRESTRE

Observa el cielo nocturno. Hay infinitas estrellas. Ahora, imagina la multitud de extraterrestres que podrían vivir en los planetas que las orbitan. ¡No todos serán como las criaturas verdes que se ven en las películas clásicas! Podrían tener aspecto de serpiente o cangrejo o quizá sean solo ojos sobre tentáculos que salen de cráteres. ¿Caminarán, serpentearán, volarán o se deslizarán sobre vehículos?

PROYECTO BÁSICO	
Objetivo:	Construir especies extraterrestres
Uso:	Aventuras intergalácticas
Elementos:	Colas, dientes, ojos, tentáculos
Extras:	Vehículos, casas, paisajes

EXTRATERRESTRE SOBRE PATINETE ESPACIAL

Este gracioso extraterrestre azul se aerodesliza sobre la ardiente superficie de su planeta. Piensa en las condiciones meteorológicas del planeta de tu extraterrestre y añade accesorios que lo ayuden a soportarlas.

¡BUSCO EL METEORITO MÁS PRÓXIMO DONDE APARCAR!

Las escamas son cubiertas 1×1

Tejas con rejilla forman una cola a rayas

Un guardabarros 2×4 otorga a la nuca un aspecto peculiar

Las llamas muestran que este patinete puede alcanzar grandes velocidades

Las manos de clip permiten al extraterrestre agarrarse al mecanismo de dirección

Uniones esféricas con conector confieren movimiento a las partes del cuerpo

VISTA LATERAL

VISTA SUPERIOR

76

EXTRATERRESTRE CON ANTENAS

Los extraterrestres pueden ser de cualquier forma, color o tamaño y tan singulares como quieras. Si no, mira a este alienígena verde con tres patas y ojos saltones. Deja volar libre tu imaginación.

Un conector de barra con clip mantiene la antena ocular en ángulo

Teja curva como pinza de cangrejo

Placa con tres dientes como garras de los dedos

VISTA TRASERA

Cada pata se conecta a una placa redonda 2×2 con barra octogonal

PULPO DE CRÁTER

Si quieres que tu extraterrestre se parezca a este pulpo de cráter, usa varias colas de dinosaurio. Esconde los extremos en un cráter y deja que la gente imagine qué se esconde bajo la superficie.

¡NO HAY MEJOR LUGAR QUE ESTE!

La parte ahusada del tentáculo es la punta de una cola de dinosaurio

BIEN SUJETOS

Un pasador LEGO Technic 1×3×3 sujeta los tentáculos del extraterrestre. El bloque encaja sobre una cubierta 2×2 con pasador que mantiene a la criatura centrada en el cráter.

Bola de unión LEGO Technic decorada

Cubierta 2×2 con pasador

Bloque de pasadores 1×1×3

Ladrillos y cubiertas curvos forman el profundo cráter

Elige los colores que prefieras para tu paisaje extraterrestre

Esto podría ser una roca, una planta o incluso una criatura pequeña

GIMNASIO GALÁCTICO

Los extraterrestres también necesitan un lugar donde ponerse en forma. Diseña un gimnasio extraterrestre de otra dimensión donde los alienígenas puedan entrenar. Piensa en cómo querrán usar el espacio los usuarios siderales: quizá se quieran muscular con pesas, escalar un rocódromo interior o correr sobre una cinta.

¡A EXPLORAR SE HA DICHO!

PROYECTO BÁSICO
- **Objetivo:** Construir un gimnasio extraterrestre
- **Uso:** Gimnasia extraterrestre
- **Elementos:** Gimnasio, material, alienígenas
- **Extras:** Taquillas, cartel, duchas

¡Pasa página para ver las instalaciones!

GIMNASIO

El gimnasio se ha construido por partes, que luego se han unido con placas-bisagra en la parte superior e inferior. Añade tantas paredes como quieras y todo lo que necesiten los usuarios.

SACO DE BOXEO DE PIE

- Bóvedas 2×2 normales e invertidas
- Una palanca mantiene la puerta cerrada mientras la ducha está en uso
- Los laterales del gimnasio tienen bases hechas con placas estándar y angulares
- Los extraterrestres se pueden sentar en el banco y ejercitar los brazos o los tentáculos con las asas de arriba
- Placas en escuadra 2×2/2×2 con orificios sujetan el cartel del gimnasio
- Las llantas de ruedas son perfectas como mancuernas

VISTA TRASERA

SOPORTE PARA MANCUERNAS

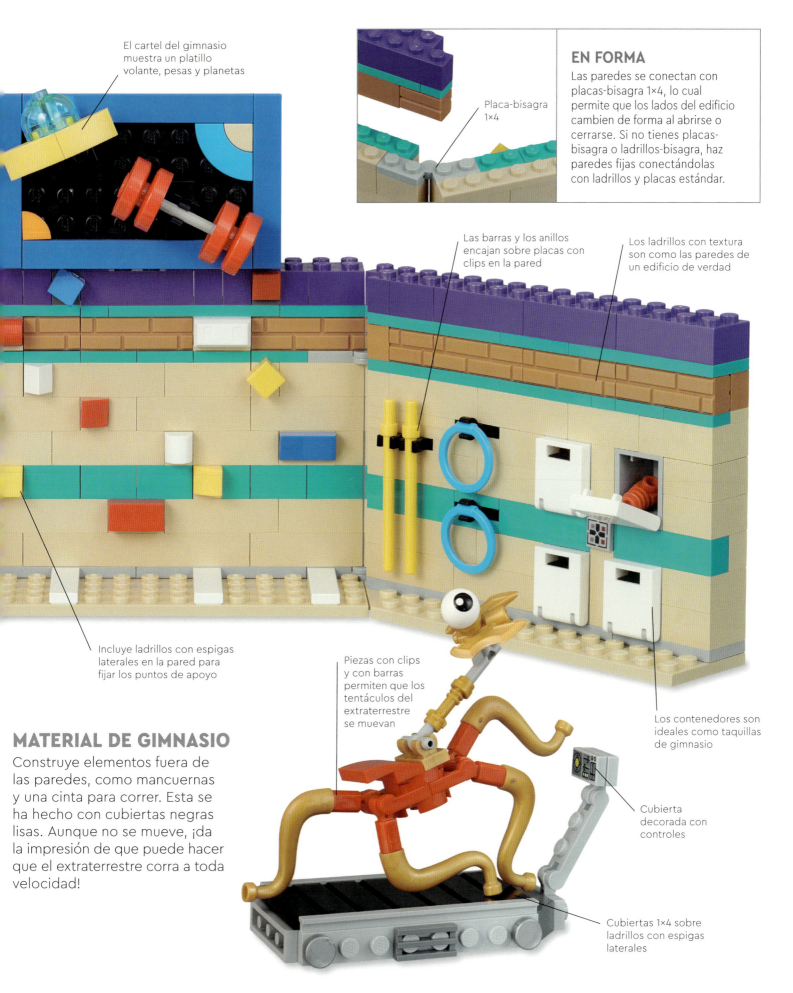

¡A EXPLORAR SE HA DICHO!

PROYECTO BÁSICO	
Objetivo:	Construir un gimnasio para aliens
Uso:	Bienestar alienígena
Elementos:	Duchas, máquina expendedora
Extras:	Productos de aseo, comida

DENTRO DEL GIMNASIO

Amplía tu gimnasio galáctico con instalaciones útiles para tus clientes. Acalorados y sudorosos después de entrenar, es posible que se quieran duchar o tomar un refresco de la máquina expendedora. Las instalaciones han de ser accesibles para cuerpos de todas las formas y tamaños para que todas las especies puedan disfrutar de ellas.

CUBÍCULO DE DUCHA

La serenidad del rostro de este alienígena arácnido demuestra lo relajante que puede ser una larga ducha después de hacer ejercicio. ¿Qué otras instalaciones añadirás a tu gimnasio?

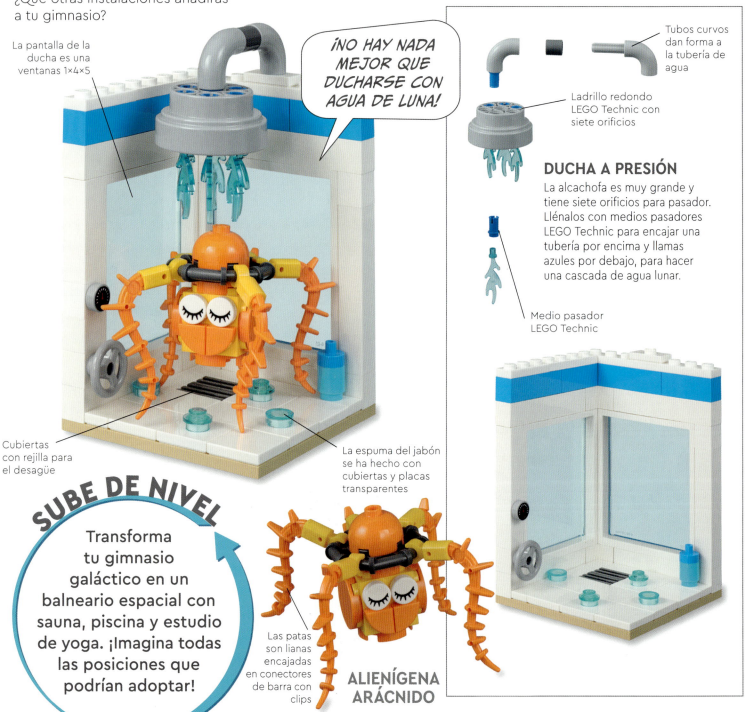

La pantalla de la ducha es una ventanas 1×4×5

¡NO HAY NADA MEJOR QUE DUCHARSE CON AGUA DE LUNA!

Tubos curvos dan forma a la tubería de agua

Ladrillo redondo LEGO Technic con siete orificios

DUCHA A PRESIÓN

La alcachofa es muy grande y tiene siete orificios para pasador. Llénalos con medios pasadores LEGO Technic para encajar una tubería por encima y llamas azules por debajo, para hacer una cascada de agua lunar.

Medio pasador LEGO Technic

Cubiertas con rejilla para el desagüe

La espuma del jabón se ha hecho con cubiertas y placas transparentes

SUBE DE NIVEL

Transforma tu gimnasio galáctico en un balneario espacial con sauna, piscina y estudio de yoga. ¡Imagina todas las posiciones que podrían adoptar!

Las patas son lianas encajadas en conectores de barra con clips

ALIENÍGENA ARÁCNIDO

MÁQUINA EXPENDEDORA

Inserta algunas monedas cósmicas y pulsa los botones de esta máquina expendedora, y serás recompensado con una lata de refresco espacial. La máquina puede dispensar lo que te parezca. ¿Qué te parecen tentempiés galácticos, como palomitas con forma de planeta y patatas fritas semejantes a cometas?

VISTA LATERAL

La unión esférica LEGO Technic con orificio en cruz es una manivela perfecta para el mecanismo

Rellena la máquina expendedora por este orificio

La lata de refresco es una cubierta 1×1 con un ladrillo redondo 1×1

Un panel transparente es el escaparate

Eje LEGO Technic

Placa 1×4 sobre la trampilla de dispensación

Una placa redonda 1×2 retiene la lata

SERVICIO DISPENSADOR

Un eje LEGO Technic insertado en un orificio dispensa las latas de una en una. Las latas apiladas esperan en una hendidura detrás de una placa redonda hasta que están listas para ser dispensadas.

¡YO SOLO HE VENIDO POR EL LUNARADE!

UNA CLIENTELA DIVERSA

¿Cómo serán tus atletas extraterrestres? ¿Tendrán tentáculos, muchos ojos u otras características únicas? ¡Es posible que incluso levanten pesas con los dientes!

El cuello de este extraterrestre es la boca de una manguera unida a la empuñadura de una espada láser

La placa con clip tanto podría asemejar unos dientes como un rarísimo «brazo facial»

EXTRATERRESTRE COBRA

EXTRATERRESTRE TENTACULAR

¡A EXPLORAR SE HA DICHO!

ESTATUA ANTIGUA

El paso de los milenios ha desgastado la pintura de estatuas egipcias como esta y ha dejado la piedra desnuda que hoy ven los turistas armados con cámaras fotográficas. Viaja en el tiempo y crea dos versiones de algún monumento: el aspecto que tenía recién construido y cómo lo vemos hoy.

PROYECTO BÁSICO

Objetivo:	Construir una versión antigua y otra actual de un objeto
Uso:	Identificar las diferencias entre lo viejo y lo nuevo
Elementos:	Arquitectura y diseño antiguos
Extras:	Turistas, plantas, material de construcción

Escalera de madera hecha con piezas de valla con balaústres

ANTES
Investiga la historia de algún monumento y averigua qué aspecto pudo tener. ¿Qué colores usaron los constructores? ¿De qué materiales disponían? Incluir estos detalles hará que tu modelo resulte más auténtico para la época y el lugar en cuestión.

Cubos de minifigura llenos de placas redondas 1×1 de distintos colores parecen cubos de pintura

VISTA LATERAL

ME RECUERDA A MI QUERIDO PADRE.

En el Egipto antiguo, los faraones llevaban llamativas coronas y tocados de tela llamados nemes

Largas tejas 2×2×2 son el extremo inferior del tocado

Las piernas son placas y ladrillos 1×2

PRUEBA ESTO

Si la investigación de tu objeto antiguo no te aporta mucha información sobre qué aspecto tuvo en el pasado, desarrolla tus propias ideas a partir de lo que sepas. ¡Quizá aciertes!

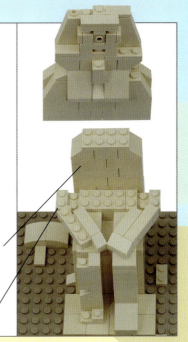

BRAZOS EN ÁNGULO

Los brazos de la estatua están en ángulo gracias a placas-bisagra 1×4 escondidas dentro y en el centro del cuerpo. Las cubiertas que las ocultan evocan el acabado de la piedra lisa.

- Esta sección se ha construido con ladrillos estándar
- Placa-bisagra 1×4

AHORA

Avanza de un salto a la era actual, en la que ya no queda ni rastro de pintura en esta antigua estatua en ruinas. ¿Qué piezas podrías usar para que parezca que tu monumento erosionado lleva miles de años en pie?

- El tocado multicolor se ha erosionado
- Los detalles pequeños, como la nariz, se han desprendido
- Si no tienes suficientes piezas beis, mezcla colores distintos
- Deja espigas al aire allá donde falten trozos de estatua

¿POR QUÉ NO LAS PINTARON?

- Sustituye un ladrillo por una teja para que parezca que está roto

VISTA LATERAL

- Las plantas han ido y venido a lo largo de los años
- Añade piezas pequeñas que representen fragmentos desprendidos de la estatua

¡A EXPLORAR SE HA DICHO!

ENTRENAMIENTO NINJA

¡Qué tranquilidad! Sin embargo, esta artista japonesa en este sereno jardín primaveral oculta un secreto. Cuando oscurece, acude a una sesión de entrenamiento en artes marciales. ¿Por qué no eliges un momento y un lugar en la historia y construyes tu propia aventura?

PROYECTO BÁSICO

Objetivo:	Construir entornos para la aventura que idees
Uso:	Construir escenas imaginarias
Elementos:	Jardín, área de entrenamiento ninja
Extras:	Farolillos, armería

Debajo de la flor hay un pasador que encaja en una espiga abierta

Puedes añadir cerezas, si es verano, u hojas oscuras, si es otoño

Las hojas pueden ser de cualquier color que tengas o de varios

¿AÚN SON LAS TRES? ME ESTOY EMPEZANDO A ABURRIR...

Un plato radar 2×2 es la tapa del farolillo

Medio arco como rama de árbol

VISTA TRASERA

Puedes conectar otro jardín pequeño o una casa a estas placas

SUBE DE NIVEL

Cuando hayas decidido tu historia, añade más acción con escenas adicionales. ¡Prueba a construir combates entre ninjas o un escondrijo para los malos!

ARTISTA DE DÍA

Este cerezo en flor da sombra y refresca a la artista durante el día. Los farolillos son para cuando empiece a atardecer (¡aunque tampoco se quedará mucho tiempo!). Basta con que construyas una sección pequeña del entorno para crear una escena convincente de una historia imaginaria.

Estas pantallas correderas se llaman *shoji*. ¿Cómo diseñarás la tuya?

Las placas redondas con asa doradas añaden elementos decorativos

ALMACÉN NINJA
Este es un lugar seguro donde guardar el material y mantenerlo en buen estado. Desliza la armadura sobre una barra y garantiza la estabilidad con placas redondas 1×1.

Casco de kendo

Placa redonda 1×1 con espiga abierta

MMM... ME RECUERDA A ALGUIEN.

¿Qué trajes llevará tu aventurera?

Deja la katana en el soporte cerca del tatami, para que la pueda coger sin dificultad

Añade placas conectoras con una sola espiga para que las minifiguras se tengan en pie sobre el tatami

Base de placa 8×8

¡ESTOY LISTA!

NINJA DE NOCHE
La superficie del tatami del dojo se ha hecho con cubiertas lisas, y hay una ventana de dragón. No es necesario que todos los elementos de la escena estén conectados para que sea efectiva. Asegúrate de que tu ninja tenga armadura y armas y esté lista para combatir.

MITOS Y LEYENDAS

Conviértete en una leyenda LEGO construyendo un zoológico mítico y estudia la mitología griega, romana o egipcia para inspirarte. Quizá decidas construir un cíclope de un solo ojo, una Medusa con cabellera de serpientes o una Hidra con muchas cabezas. ¿Actuarán tus modelos como dicta la leyenda o harán algo inesperado?

PROYECTO BÁSICO	
Objetivo:	Construir seres mitológicos
Uso:	Aventuras legendarias
Elementos:	Alas, cuernos, elementos místicos
Extras:	Fuego, armas, héroes, villanos

¡A EXPLORAR SE HA DICHO!

Tejas curvas para el penacho de plumas en la cabeza

Esta placa con tres barras angulares hace que el ala esté extendida

FÉNIX

Esta ave mítica del Egipto antiguo vivía durante 500 años. Cuando llegaba su hora, prendía fuego a su nido y moría entre las llamas. Entonces, renacía de sus cenizas. Luego, 500 años después...

CONSEJO

Cuando montes las placas con uniones esféricas en el cuerpo del fénix, asegúrate de que ocupen la misma posición en ambos lados para que las alas y las patas queden alineadas.

Piezas transparentes de color naranja como llamas y brasas

DE LAS CENIZAS

Las llamas en el nido del fénix se han hecho con ejes conectores LEGO Technic triangulares. Las llamas y los brotes de zanahoria marrones, que parecen ramitas pequeñas, encajan en los orificios en cruz. Los conectores encajan en cubiertas 2×2 con pasadores en cada esquina de la placa de base.

Brote de zanahoria

Eje conector triangular

Los espolones son placas con clip

VISTA TRASERA

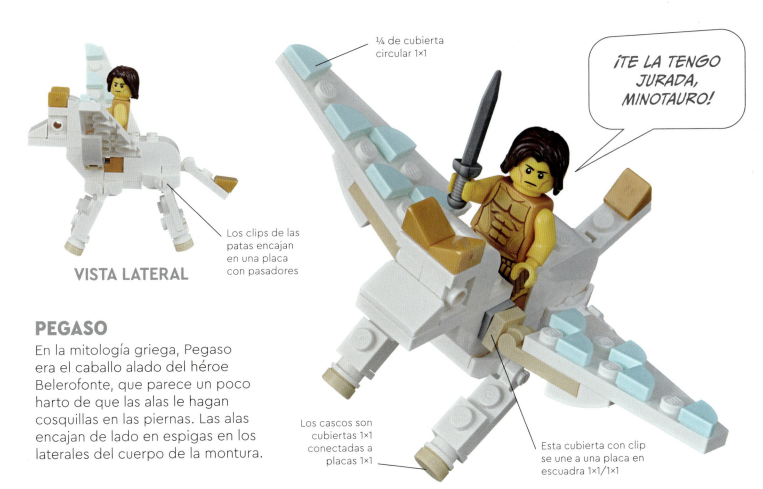

Los clips de las patas encajan en una placa con pasadores

VISTA LATERAL

¼ de cubierta circular 1×1

¡TE LA TENGO JURADA, MINOTAURO!

Los cascos son cubiertas 1×1 conectadas a placas 1×1

Esta cubierta con clip se une a una placa en escuadra 1×1/1×1

PEGASO

En la mitología griega, Pegaso era el caballo alado del héroe Belerofonte, que parece un poco harto de que las alas le hagan cosquillas en las piernas. Las alas encajan de lado en espigas en los laterales del cuerpo de la montura.

Este ladrillo sujeta ambos cuernos

La cubierta 1×1 es una lengua protuberante

MINOTAURO

Los toros son vegetarianos, pero el Minotauro, que de toro solo tiene la cabeza, come personas. ¿Qué héroe podrá derrotar a este monstruo armado con una maza? ¡Atenas, Grecia te necesita! Quizá sea una tarea para Pegaso y Belerofonte.

La intimidante hoja del hacha es una cubierta triangular

La hebilla es una placa dorada 1×1

VISTA FRONTAL

Placas-bisagra 1×4 para brazos móviles

Piernas humanas construidas con ladrillos

LA CABEZA VISTA DE LADO

Construye la cabeza del minotauro de lado, empezando por una placa 1×3 en la nuca. Coloca arriba un ladrillo con espigas laterales para fijar los cuernos. Luego, añade una placa con barra para el hocico y una placa redonda 1×2 con barra para la mandíbula móvil.

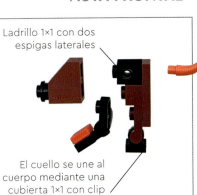

Ladrillo 1×1 con dos espigas laterales

El cuello se une al cuerpo mediante una cubierta 1×1 con clip

¡A EXPLORAR SE HA DICHO!

MINIMERCADO

Este minimercado LEGO® en las bulliciosas calles de la antigua Delhi (India) tiene de todo: fruta, verdura, gafas de sol y mucho más. ¿Se habrá olvidado algo el tendero? ¡Quizá sandalias para clientes con los pies doloridos! Intenta ampliar la escena con más tiendas, animales e incluso un motocarro para transportar los productos por la ciudad.

PROYECTO BÁSICO	
Objetivo:	Construir una tienda
Uso:	Almacenar productos, ir de compras
Elementos:	Escaparate, productos, caja registradora
Extras:	Poste de luz, farola, almacén

DETALLES AUTÓCTONOS

Las tejas, las puertas con arco, la palmera y el toldo multicolor ubican claramente esta tienda en India. Alguien ha aparcado la moto junto al poste del tendido eléctrico. Seguramente ha entrado corriendo al minimercado para hacerse con una botella de refrescante zumo de mango.

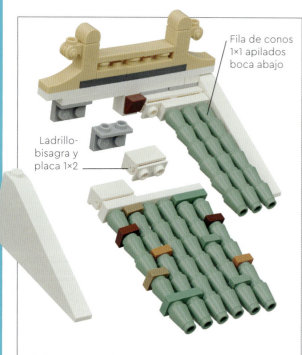

Fila de conos 1×1 apilados boca abajo

Ladrillo-bisagra y placa 1×2

A CUBIERTO

Hileras de conos y placas boca abajo forman las tejas sobre la cubierta. Encajan sobre placas estrechas sobre el tejado. Encima, placas-bisagra y ladrillos permiten que la cubierta esté en ángulo, como las de verdad.

Los ladrillos 1×1 con voluta dan personalidad al tejado

Medios arcos forman arcadas apuntadas

CONSEJO

Si no tienes piezas de comida para tu tienda, ¡construye algunas tú mismo! Conos naranjas como zanahorias, tejas como queso, placas redondas como manzanas...

Los látigos LEGO parecen cables con una gruesa capa de aislante

Ladrillo 1×2×2 con espigas laterales

TRANSFORMADOR

La caja sobre el poste de luz es un transformador. Un ladrillo con cuatro espigas laterales en el centro permite colocar cubiertas con rejilla grises en los lados para que parezca que el transformador tiene aletas de refrigeración.

Pon cubiertas sobre las placas para que el tejado tenga un acabado liso

Una cuerda LEGO lleva la electricidad al mercado

Añade una farola para los compradores vespertinos

VISTA LATERAL

Una diminuta caja registradora para cobrar las ventas

Los ladrillos con clip de las paredes mantienen los postigos en su sitio

VISTA TRASERA

¡ESE PÁJARO SE QUIERE COMER MI FRUTA!

PLATÓ DE CINE CLÁSICO

Este equipo de minifiguras rueda una película del Oeste clásica en un antiguo plató de Hollywood. En esta escena, un forajido huye con su botín por el desierto mientras un buitre le pisa los talones. ¿Qué otras escenas podrías construir y dirigir para esta película? ¿Qué otro material podría necesitar el equipo para el rodaje?

PROYECTO BÁSICO	
Objetivo:	Construir un plató de cine
Uso:	Rodar películas, representar escenas
Elementos:	Luces, escenario, cámara
Extras:	Decorado, asientos, claqueta

Parece que las placas amarillas transparentes centellean

Las montañas del desierto sobre un fondo en movimiento

LUCES...
Este foco simula el ardiente sol del desierto en el plató. El pie es un montante largo, pero si no tienes ninguno, puedes apilar ladrillos redondos o estándar.

Montante 2×2×10

Construye escalones o una pendiente para que los actores puedan subir al escenario con seguridad

Una conexión con clip y con barra permite que la claqueta haga «clac»

CLAQUETA

Cubierta redonda 2×2 con orificio

Un telescopio hace de visor

CÁMARA...
Esta cámara antigua está lista para rodar toda la acción. Los rollos de película son cubiertas redondas con orificio. Construye un soporte para que la cámara esté a la altura adecuada para captar la acción del escenario.

Placa 1×2 con barra

Ladrillo 1×1 con espiga lateral

Escuadra invertida 2×2/1×2

PRIMER PLANO DE LA CÁMARA
La cámara se ha construido hacia arriba y hacia fuera a partir de una placa en escuadra invertida. Dos ladrillos pequeños con espigas laterales encajan detrás y forman el cuerpo.

¡A EXPLORAR SE HA DICHO!

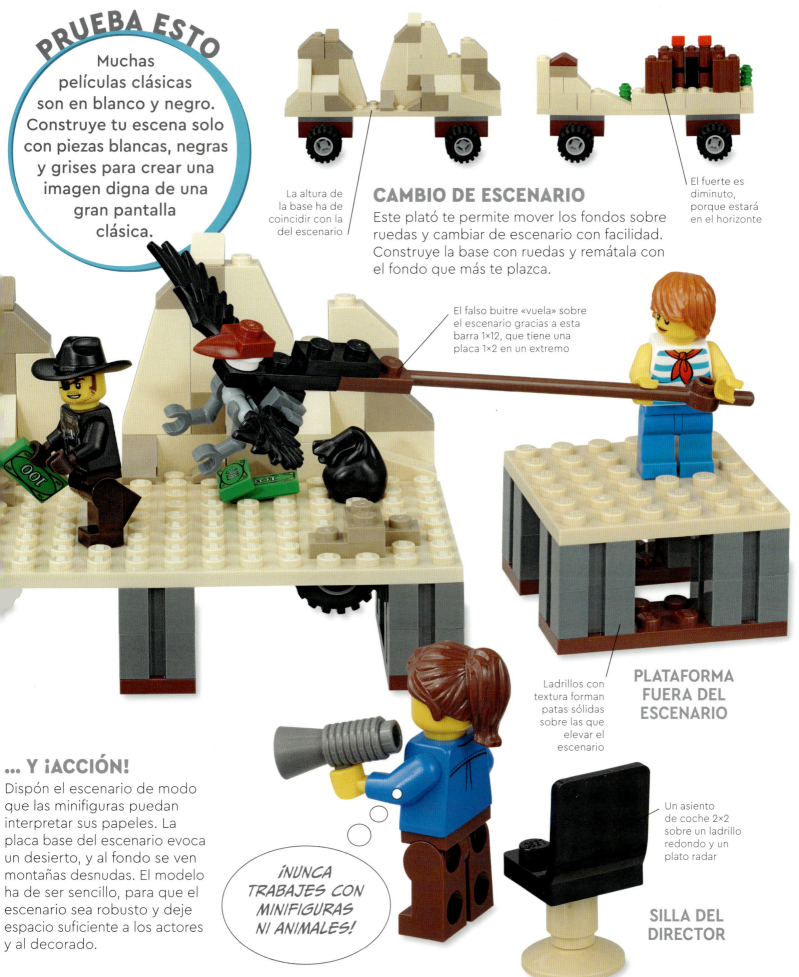

PRUEBA ESTO

Muchas películas clásicas son en blanco y negro. Construye tu escena solo con piezas blancas, negras y grises para crear una imagen digna de una gran pantalla clásica.

La altura de la base ha de coincidir con la del escenario

CAMBIO DE ESCENARIO

Este plató te permite mover los fondos sobre ruedas y cambiar de escenario con facilidad. Construye la base con ruedas y remátala con el fondo que más te plazca.

El fuerte es diminuto, porque estará en el horizonte

El falso buitre «vuela» sobre el escenario gracias a esta barra 1×12, que tiene una placa 1×2 en un extremo

Ladrillos con textura forman patas sólidas sobre las que elevar el escenario

PLATAFORMA FUERA DEL ESCENARIO

... Y ¡ACCIÓN!

Dispón el escenario de modo que las minifiguras puedan interpretar sus papeles. La placa base del escenario evoca un desierto, y al fondo se ven montañas desnudas. El modelo ha de ser sencillo, para que el escenario sea robusto y deje espacio suficiente a los actores y al decorado.

¡NUNCA TRABAJES CON MINIFIGURAS NI ANIMALES!

Un asiento de coche 2×2 sobre un ladrillo redondo y un plato radar

SILLA DEL DIRECTOR

JARDÍN JAPONÉS

La ceremonia del té es una tradición ancestral japonesa. Una minifigura disfruta de una taza de té *matcha* en un *chashitsu*, o casa de té. La ceremonia del té es un momento para la contemplación serena, por lo que los *chashitsu* siempre se construyen en jardines bonitos. Llena el tuyo de cosas relajantes y sedantes que mirar.

PROYECTO BÁSICO	
Objetivo:	Construir un *chashitsu* y un jardín
Uso:	Un lugar en el que relajarse
Elementos:	Plantas, árboles, estanque
Extras:	Farolillos, pagodas, caminos, vallas

Las ramas son medios arcos

Este nenúfar es una paleta de pintor de minifigura

VISTA DEL JARDÍN

UN LUGAR PARA LA TRANQUILIDAD

¿Qué le añadirías a tu jardín? ¿Qué te aporta serenidad? Es posible que a tus minifiguras les guste observar cerezos en flor. También podrías añadir un pequeño altar y un estanque habitado por sinuosas carpas koi.

Si no tienes esta decorativa valla con celosía, usa la que tengas

ESTANQUE CON CARPAS
Piezas transparentes, como cubiertas decoradas con peces, llenan de agua y vida este pequeño estanque. Si no las tienes, usa cubiertas con clips y conecta piezas de pez.

Cubiertas redondas para construir un camino de piedras

Añade farolillos para meditar por la noche

VIAJE EN EL TIEMPO

PROYECTO BÁSICO

Objetivo:	Construir máquinas del tiempo
Uso:	Viajar en el tiempo
Elementos:	Artefactos futuristas, áreas para sentarse o estar en pie
Extras:	Fuentes de energía, laboratorio

¿Qué día es hoy? Si tienes una máquina del tiempo, eso depende de ti, así que manos a la obra. ¿Será un teletransporte? ¿O quizá será un vehículo que salta de era en era, como la que conduce el señor del sombrero de copa? Partió del siglo XIX, pero quién sabe si viaja hacia el futuro o hacia el pasado.

CONSEJO

Comienza por la cabina de la máquina del tiempo para garantizar que la minifigura quepa. Luego, construye hacia arriba y hacia fuera en el estilo que prefieras.

¡CÁSPITA, ME HE DEJADO LOS GUANTES EN LA EDAD DE HIELO!

El propulsor de aspecto futurista es un plato radar 4×4 decorado

¿Es esta joya la responsable de la magia de esta máquina?

En la parte trasera del vehículo hay otro parachoques

EL TIEMPO VUELA

Esta máquina del tiempo móvil no solo te llevará a otras épocas, sino que también te permitirá desplazarte una vez estés allí. Las tuberías, los conectores y las asas le otorgan un aspecto de alta tecnología.

Estas uniones esféricas LEGO Technic son artilugios muy extraños

VISTA FRONTAL

TODOTERRENO

Esta máquina del tiempo puede con todo gracias a sus esquíes de aterrizaje, que se usan con frecuencia en los modelos de vehículos de nieve. Cubiertas pequeñas con clips conectan los esquíes a placas con barras en el chasis.

Placa con barra 1×2

Cubierta con clip 1×1

TORRE DE SEÑALES

Platos de radar invertidos de dos tamaños dan altura a esta torre de transmisiones. Un telescopio alarga la torre para que la unión esférica que la remata pueda enviar o recibir diminutas partículas LEGO cuando se enciende.

- Platos radar 2×2 apilados
- Placa redonda 1×1

TELETRANSPORTADOR

Con un teletransportador viajarás en el tiempo al instante. Construye uno donde la minifigura se pueda sentar o permanecer en pie y con algún elemento tecnológico. Tres, dos, uno... ¡Se fue!

- Los relámpagos son chispas eléctricas
- Las placas redondas transparentes 1×1 son torbellinos de energía
- Un medio cilindro 3×6×6 tapa la parte posterior de la cámara

¡AY! SE ME HA OLVIDADO AÑADIR UN BOTÓN PARA TRAERLO DE VUELTA...

- Una placa con raíl 2×8 sujeta la pared
- Las barras transparentes son como tubos fluorescentes
- Placas redondas con barras como reposabrazos

LABORATORIO

El teletransportador está en un laboratorio secreto. Tiene un complejo panel de control y una silla para que el inventor pueda descansar una vez el viajero haya emprendido su viaje en el tiempo.

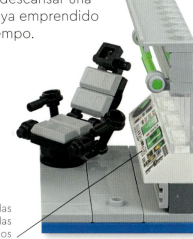

- Tejas decoradas como pantallas y mandos

VISTA LATERAL

RELOJES

PROYECTO BÁSICO	
Objetivo:	Construir multitud de relojes
Uso:	Mirar la hora, aventuras a lo largo del tiempo, recuerdos
Elementos:	Esferas, manecillas, mecanismos
Extras:	Cuco, arena, robots

A la mayoría de las personas les gusta traerse recuerdos de sus vacaciones, y este robot viajero del tiempo no es una excepción. Cada vez que se teletransporta, trae consigo un reloj de otra época. ¡Hasta un reloj estropeado marca la hora correcta dos veces al día! ¿Qué piezas puedes usar para construir tus propios relojes?

Tejas LEGO para las tejas de la cubierta

Los ladrillos cilíndricos 1×2 parecen madera tallada

Piezas de pinza como agujas

Plato radar invertido como esfera del reloj

RELOJ DESPERTADOR

¡Riiiing! Los despertadores como este llevan más de cien años despertando a trabajadores y estudiantes por igual. Aquí, las campanas son diminutos ladrillos abovedados.

RELOJ DE CUCO

Los relojes de cuco tradicionales tienen forma de casa con una cubierta de tejas a dos aguas. Un pajarillo sale de su nido para anunciar la hora. ¿Qué otras criaturas podrían salir de tu reloj?

EL TIEMPO ES UNA ILUSIÓN

Una bóveda beis 2×2 hace que el bulbo superior parezca más lleno que el inferior. Sumado al cono 1×1 beis con forma de embudo que alberga la bóveda transparente inferior, parece que la arena fluya de verdad.

RELOJ DE ARENA

Antes de los relojes de cuerda, hubo relojes de arena. Cuando le das la vuelta, la arena cae de un receptáculo o bulbo al otro. Puedes ponerlo en las dos posiciones, para mostrar que en el bulbo superior queda más o menos tiempo (arena).

Las barras encajan en conos rojos 1×1 y forman columnas

La placa redonda es una base estable en ambos extremos del reloj

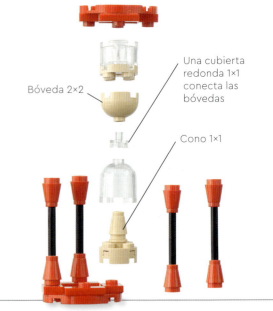

Bóveda 2×2

Una cubierta redonda 1×1 conecta las bóvedas

Cono 1×1

EL TIEMPO ESTÁ DE TU PARTE

Ladrillos con espigas laterales sujetan las distintas partes del reloj. La esfera encaja en un ladrillo 1×2 con espigas laterales y cubiertas con clips se conectan a ladrillos 1×1 con espigas laterales y sujetan el péndulo y el contrapeso.

Ladrillo 1×2 con espigas laterales

Ladrillo 1×1 con espiga lateral

Las espigas del reloj son los números de la esfera

ROBOT VIAJERO DEL TIEMPO

Las antenas y los ojos metálicos son habituales en los robots, pero este es especial porque viaja en el tiempo. Añádele una esfera de reloj en el pecho para que todo el mundo lo sepa.

Una palanca como antena

El ojo del robot es un accesorio de micrófono dorado

¡ESTOY RODEADO DE RELOJES, PERO SIEMPRE LLEGO TARDE!

Si no tienes una cubierta decorada, construye tu propia esfera

RELOJ DE PIE

Estos relojes son tan entrañables que, en 1876, un poeta dedicó un poema al reloj de pared de su abuelo. Las dos piezas que cuelgan bajo la esfera son el péndulo y el contrapeso y, juntos, hacen funcionar el reloj.

CONSEJO

Diseña primero la esfera del reloj. Busca piezas redondas, como platos radar y placas conectoras redondas para crear la esfera y piezas pequeñas con barra para las manecillas.

EXPRÉSATE

Construir con piezas LEGO® es una manera fantástica de demostrar tu personalidad y tu creatividad. Puedes construir obras de arte, crear juegos, idear inventos, dirigir películas LEGO... Si lo puedes imaginar, ¡casi seguro que lo puedes construir!

ARTE PARA COLGAR

Con ladrillos LEGO puedes construir mucho más que estructuras: también puedes crear cuadros y retratos fantásticos para exponer en tu casa. Diseñar cuadros con piezas LEGO te permite usar las formas y los colores de formas muy distintas, y tus creaciones pueden ser planas o contener multitud de detalles tridimensionales.

PROYECTO BÁSICO	
Objetivo:	Construir cuadros y retratos para decorar tu hogar
Uso:	Expresar tu creatividad
Elementos:	Placas base, otras piezas planas
Extras:	Marcos, soportes, elementos tridimensionales

El marco liso blanco son tejas curvas 1×4×1/3

Los plátanos son ahora dorados mechones de cabello

Este cruasán se ha convertido en una barba muy bien recortada

RETRATOS

Monta retratos de tus personas preferidas, incluido tú mismo, con tu colección LEGO. Este está hecho con piezas de alimentación y con accesorios de minifiguras: ¡Las orejas son tartaletas, y la sonrisa, una salchicha! Reúne las piezas más interesantes o poco habituales que tengas y úsalas en obras de arte.

PAISAJES

El mundo que nos rodea inspira a multitud de artistas. ¿Puedes recrear las vistas desde tu ventana o tu lugar preferido con ladrillos LEGO? Esta sencilla escena náutica solo ha necesitado 11 piezas.

HUMOR CAMBIANTE

La mayoría de las expresiones faciales se han construido sobre cubiertas 1×1 con clips. Gíralas para cambiar el estado de ánimo del retrato. Las piezas centradas, como la nariz y la barbilla, se alinean con placas conectoras.

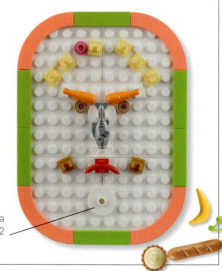

Placa conectora redonda 2×2

El marco biselado se ha hecho con tejas curvas

Las placas redondas con engranajes son flores efectivas

La hierba son garras de minifiguras verdes

ANIMALES

Capturar los detalles es un reto cuando se trata de animales. Sin embargo, los detalles son lo más divertido a la hora de construir arte animal con LEGO. Prueba con piezas distintas para acertar con la forma de las plumas, colas, alas o dientes de tus animales.

¡PINTAR CUADROS LEGO NO ENSUCIA!

El marco se apoya en una placa-bisagra 2×4

SOPORTE

FLORES

Las flores siempre han sido un tema popular entre los artistas. Construye bellezas botánicas que veas crecer en tu jardín o en tu parque local. Pasea por el campo con un amigo y construye obras de arte LEGO con lo que te llame la atención.

PRUEBA ESTO

Además de construir cuadros en los marcos LEGO, ¿por qué no construyes marcos vacíos donde exponer tus fotos o dibujos preferidos?

EXPRÉSATE

PIEZAS ARTÍSTICAS

Decorar la casa con obras de arte es una manera fantástica de expresar tu estilo personal. Ver tus cuadros, esculturas y objetos preferidos te hará feliz y te ayudará a mantener una actitud positiva. Comparte esa alegría con tus minifiguras LEGO llenando su hogar y sus espacios públicos con arte tridimensional.

PROYECTO BÁSICO

Objetivo:	Construir arte tridimensional
Uso:	Decorar las casas, galerías y parques de tus minifiguras
Elementos:	Obras de arte de todas las formas, estilos y tamaños
Extras:	Pedestales, marcos y vitrinas

PRUEBA ESTO

Usa técnicas de construcción a microescala en fondos para «cuadros» tridimensionales o para añadir una exposición de minisets LEGO al hogar de una minifigura.

Cada cubierta redonda está montada sobre una espiga lateral

¡El elegante sofá ya es una obra de arte por sí solo!

Escultura sobre un placa conectora convertida en mesita auxiliar

ARTE ABSTRACTO

El arte LEGO no tiene por qué ser complicado. Aplica el ingenio a las formas y los colores y crea un mural abstracto sencillo. Aquí, tres barras colocadas sobre clips y cubiertas de distintos tamaños sobre la pared han transformado el salón de esta minifigura.

Esta roca con cristales es decorativa sin necesidad de hacerle nada

El trofeo es una cubierta LEGO® DOTS con espiga lateral

¡ESTA ESTANTERÍA ES LO MÁS!

OBJETOS PRECIOSOS

Las esculturas, los ornamentos y los recuerdos expuestos en casa dicen mucho de quién vive allí. ¿Qué minifigura habrá expuesto todos estos recuerdos musicales? Parece que ha ganado un premio o dos...

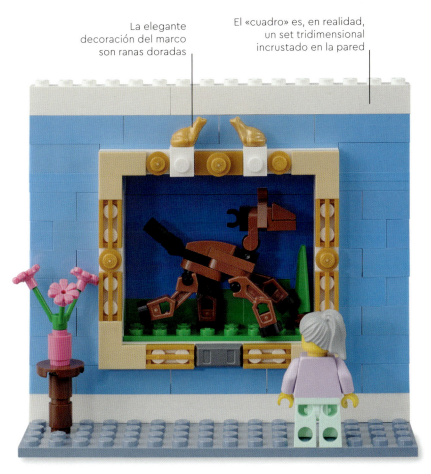

La elegante decoración del marco son ranas doradas

El «cuadro» es, en realidad, un set tridimensional incrustado en la pared

AL GALOPE
La cabeza y el cuerpo solo tienen una espiga de anchura. Las cuatro patas elevan la anchura total a dos espigas, porque se enganchan lateralmente a barras en «T» encajadas en la parte inferior del cuerpo.

Un clip lateral es la crin al viento

La cola es un conector de barra con barra

El cuello es una placa 1×1 con barra

Las patas son brazos de robot

GALERÍA DE ARTE
Inspírate en artistas famosos y crea una obra de arte tridimensional digna de un museo. Degas pintó muchos caballos de carreras, y Frida Kahlo pintó muchos autorretratos. ¿Cómo conseguirás que las minifiguras se detengan a admirar tus obras de arte?

La parte posterior de este «cuadro» está montada dos espigas por detrás de la pared

VISTA LATERAL

SI ESA GAVIOTA SE POSA SOBRE MÍ OTRA VEZ...

El dinosaurio se ha construido siguiendo una técnica parecida a la del caballo de más arriba

El brazo de un esqueleto se engancha a una barra en «T»

ARTE PÚBLICO
Las estatuas son fantásticas para hacer un homenaje a un animal extraordinario o a una figura histórica significativa. Construye una y colócala en un museo o un parque. Añade un pedestal para elevarla.

TU FAMILIA LEGO

A veces, la inspiración está justo ahí, sentada frente a ti en la mesa del comedor. ¿Por qué no construyes con piezas LEGO a tus seres más queridos? Tu familia se puede convertir en una decoración permanente en tu hogar. Les puedes cambiar la vestimenta en función de la estación, y puedes añadir miembros nuevos cuando nazcan.

EXPRÉSATE

PROYECTO BÁSICO

Objetivo:	Construir a tu familia
Uso:	Inventar o recrear historias familiares, decorar tu casa
Elementos:	Los miembros de tu familia, mascotas incluidas
Extras:	Complementos, peinados, etc.

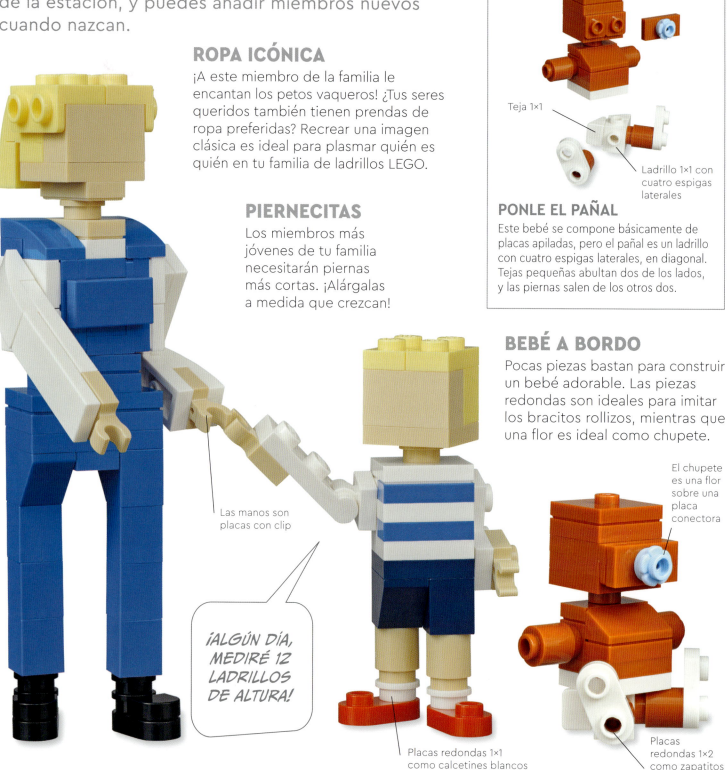

ROPA ICÓNICA

¡A este miembro de la familia le encantan los petos vaqueros! ¿Tus seres queridos también tienen prendas de ropa preferidas? Recrear una imagen clásica es ideal para plasmar quién es quién en tu familia de ladrillos LEGO.

PIERNECITAS

Los miembros más jóvenes de tu familia necesitarán piernas más cortas. ¡Alárgalas a medida que crezcan!

Teja 1×1

Ladrillo 1×1 con cuatro espigas laterales

PONLE EL PAÑAL

Este bebé se compone básicamente de placas apiladas, pero el pañal es un ladrillo con cuatro espigas laterales, en diagonal. Tejas pequeñas abultan dos de los lados, y las piernas salen de los otros dos.

BEBÉ A BORDO

Pocas piezas bastan para construir un bebé adorable. Las piezas redondas son ideales para imitar los bracitos rollizos, mientras que una flor es ideal como chupete.

El chupete es una flor sobre una placa conectora

Las manos son placas con clip

¡ALGÚN DÍA, MEDIRÉ 12 LADRILLOS DE ALTURA!

Placas redondas 1×1 como calcetines blancos

Placas redondas 1×2 como zapatitos

COMPLEMENTOS

Los detalles más pequeños pueden aportar mucha personalidad a una figura y hacerla reconocible al instante. No cabe duda de que la gorra azul, las gafas, la pajarita y la flor en el ojal están inspiradas por alguien con mucho estilo.

CABELLO

Recrear el cabello parece complicado, pero no tiene por qué serlo. Quizá solo necesites un par de piezas. Aquí, una pieza con pendiente aporta volumen y estilo a la cabellera.

La pajarita es un complemento de cabello de minifigura

El brazo se ha construido sobre una placa con bisagra

La postura de la figura ayuda a transmitir de quién se trata

VISTA TRASERA

El tupé es una teja curva 2×1

Brazos anchos para que la sudadera parezca comodísima

La capucha es una cubierta pentagonal 2×3

Los bolsillos son sendos ¼ de placas circulares

VISTA TRASERA

PRUEBA ESTO

Organiza un concurso para tus amigos y familiares construyendo personajes de películas, series o juegos icónicos para ver quién los identifica antes.

MASCOTAS

Si tienes mascotas, también forman parte de la familia. Desde las largas orejas a la cola tiesa, cuesta imaginar que este perro pueda ser más mono en la vida real.

El morro es un ladrillo 1×1 lateral con dos espigas laterales

EXPRÉSATE

Placa redondeada 1×2

NIDITO ACOGEDOR
La paja del nido se ha hecho con accesorios de garra de minifigura encajados en placas redondeadas 1×2 con espigas huecas.

PRUEBA ESTO
Si quieres más inspiración, investiga la obra de ilustradores clásicos como William Heath Robinson o Rube Goldberg en una biblioteca u *online*.

Esta rueda dentada no hace nada, pero es impresionante

La rampa se ha hecho con paneles para que el huevo no caiga por los lados

¿PUEDO PEDIR TAMBIÉN UNA TOSTADA?

Los utensilios del desayuno se fijan a placas conectoras sobre la mesa

UN TRABAJO EXCELENTE
En esta increíble máquina, la gallina pone un huevo que baja rondando hasta que se casca y se fríe antes de caer en el plato de la minifigura. Piensa en las distintas fases de la construcción y en cómo cada una conectará con la siguiente.

106

UN INVENTO MARAVILLOSO

¿Cómo te gustan los huevos del desayuno? Si te gustan recién puestos y fritos a la perfección, esta máquina es ideal para ti. Idea tus propios inventos para hacerte la vida más fácil o divertida y hazlos realidad con tus piezas LEGO. Cuanto más complejos y alocados sean, ¡mejor!

PROYECTO BÁSICO

Objetivo:	Construir inventos ingeniosos
Uso:	Ahorrar tiempo y energía
Elementos:	Niveles múltiples, engranajes, rampas, palancas, tapas, controles
Extras:	Nido, llamas, mesa, plato

El huevo llega a este compartimento, donde se casca

Al pulsar el botón, el huevo frito cae de la freidora

Las llamas calientan el huevo desde abajo

La tapa de la freidora se levanta

La puerta se abre para que puedas sacar el huevo

TAN FÁCIL COMO FREÍR UN HUEVO

El secreto de esta máquina está en la rápida sustitución que sucede en la cocina. Cuando el huevo recién puesto cae en un lado de la freidora, se queda ahí. Una cubierta decorada con un huevo frito aguarda en el otro lado, lista para caer al plato.

PROYECTO BÁSICO

Objetivo:	Construir tu trabajo ideal
Uso:	Profesiones, escenas divertidas
Elementos:	Lugar de trabajo, material, criaturas, vehículos
Extras:	Herramientas, alas

EL TRABAJO IDEAL

¿Te imaginas una profesión tan fantásticamente divertida que no parezca trabajo en absoluto? Quizá ya exista, o tal vez tengas que inventarla. Piensa en todo lo que te gusta hacer, y construye tu trabajo ideal con piezas LEGO.

- La cabeza del pájaro se ha construido en torno a una placa con bisagra-clic
- Las superficies lisas y pulidas confieren un aspecto médico de alta tecnología
- Placas con forma de hoja como pies
- Las patas del taburete son conos plateados

SUPERVETERINARIA

Cuidar de animales es genial, y tu minifigura se podría especializar en dragones, extraterrestres, unicornios o animales exóticos colosales..., como este. Construye las criaturas a las que te gustaría atender y un lugar en el que tu veterinaria LEGO pueda trabajar.

A CUATRO PATAS

Esta criatura multicolor demuestra que la imaginación es el único límite a tus construcciones. Tiene cabeza de ave y cuatro patas. Las dos delanteras son articuladas.

- Una pieza de cuerno como pico afilado
- Conector LEGO® Technic en un ladrillo con orificio 1×1
- Las patas posteriores se han hecho con tejas curvas y normales invertidas

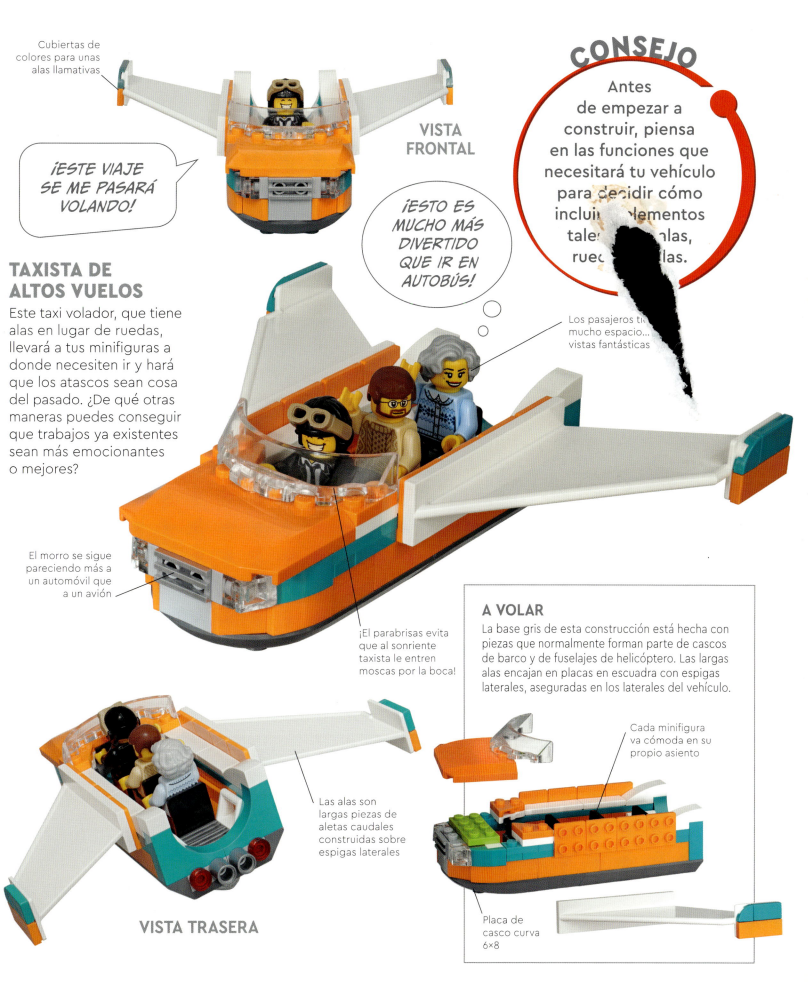

EXPRÉSATE

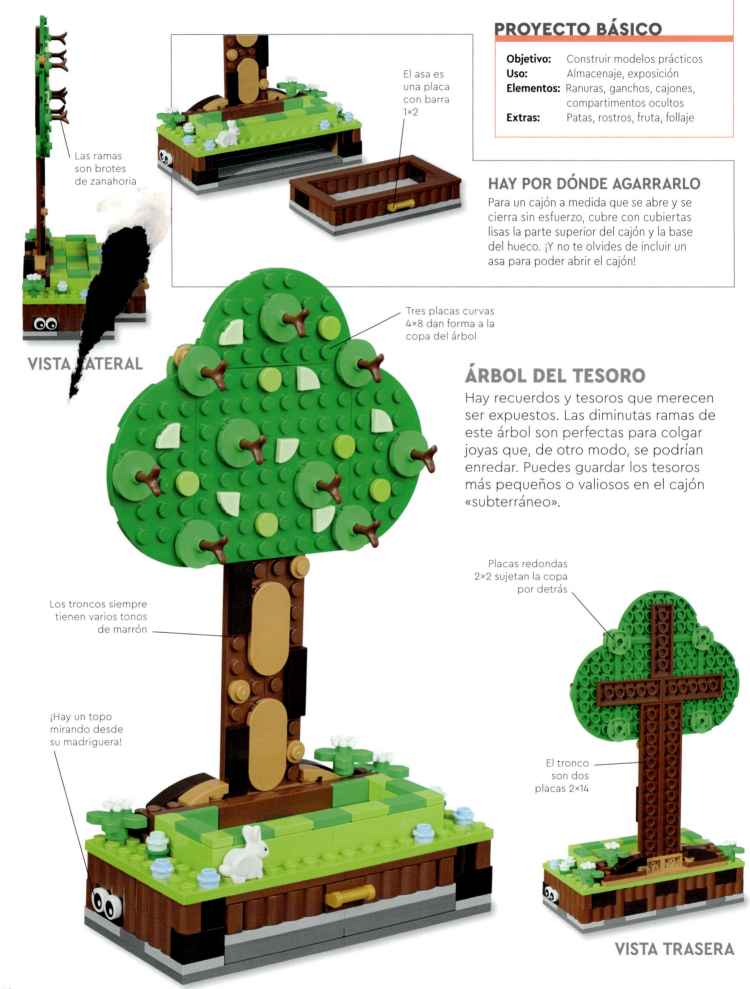

Las ramas son brotes de zanahoria

VISTA LATERAL

El asa es una placa con barra 1×2

PROYECTO BÁSICO

Objetivo:	Construir modelos prácticos
Uso:	Almacenaje, exposición
Elementos:	Ranuras, ganchos, cajones, compartimentos ocultos
Extras:	Patas, rostros, fruta, follaje

HAY POR DÓNDE AGARRARLO

Para un cajón a medida que se abre y se cierra sin esfuerzo, cubre con cubiertas lisas la parte superior del cajón y la base del hueco. ¡Y no te olvides de incluir un asa para poder abrir el cajón!

Tres placas curvas 4×8 dan forma a la copa del árbol

ÁRBOL DEL TESORO

Hay recuerdos y tesoros que merecen ser expuestos. Las diminutas ramas de este árbol son perfectas para colgar joyas que, de otro modo, se podrían enredar. Puedes guardar los tesoros más pequeños o valiosos en el cajón «subterráneo».

Placas redondas 2×2 sujetan la copa por detrás

Los troncos siempre tienen varios tonos de marrón

¡Hay un topo mirando desde su madriguera!

El tronco son dos placas 2×14

VISTA TRASERA

ALMACÉN DE TESOROS

¿Tienes algún lugar especial en el que guardar monedas y otros tesoros? Construye modelos para guardar y exhibir tus posesiones más preciadas y diminutas. Estas te evocan la naturaleza, pero puedes construir las tuyas pensando en monstruos, arcoíris, animales marinos... ¡y lo que sea que te inspire!

PRUEBA ESTO

¿Y si construyes una maqueta con un compartimento secreto donde guardar tus tesoros más valiosos? Lo mejor es que no parezca que tiene una abertura.

VISTA FRONTAL

Las orejas inclinadas se han hecho con clips y barras

HUCHA LANUDA

Construye una hucha para ahorrar hasta el último céntimo. Acuérdate de incluir una ranura por la que introducir las monedas. Cuando esté llena, desmonta uno de los laterales y recupéralas. ¡O construye otra más grande y sigue ahorrando! También la puedes usar para guardar notas o pegatinas.

Introduce las monedas por esta ranura

Las espigas en todas las caras evocan la lana

La parte superior de las patas son placas redondas 2×2

¡ES TAN MONA QUE ME DA PENA ROMPERLA!

OVEJA EN PLENA FORMA

Las placas de los lados se han montado sobre paredes de ladrillos con espigas laterales. Una de ellas tiene una gran ranura por la que introducir las monedas, que podrás recuperar desmontando una placa.

La parte extraíble es una placa 2×4 sobre otra 4×6

111

DECORA TU ESCRITORIO

Anima tu lugar de trabajo con modelos LEGO llamativos y funcionales. ¿Y si construyes algo donde mantener ordenado el material de oficina o un adorno bonito que te alegre la vista? Incluso puedes construir un cuadro LEGO para completar la redecoración de tu escritorio.

EXPRÉSATE

PROYECTO BÁSICO

Objetivo:	Construir modelos útiles para tu despacho o dormitorio
Uso:	Decoración, almacenaje
Elementos:	Compartimentos, colores vivos
Extras:	Ventanas, puertas, flores

FLOR

La flor es una placa deslizante del revés

¡QUÉ BONITO!

Los tallos son velas apiladas

JARRÓN

Las plantas y las flores vivas necesitan que las riegues, pero las flores LEGO apenas te quitarán tiempo. Construye un jarrón y llénalo con versiones LEGO de tus flores preferidas. También será un regalo fantástico.

Cuatro tejas 1×2 puestas de lado forman esta tira amarilla

Las flores están sueltas en el fondo del jarrón

Los pétalos son placas de hoja boca abajo

POR SEPARADO

Los cuatro lados son idénticos y han comenzado como una fila plana de placas. Permanecen en pie conectados a una base de ladrillos con espigas laterales, y dejan una cavidad para que quepan los tallos de las flores.

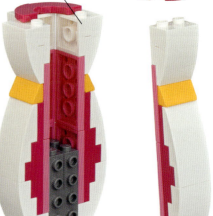

Placa con espigas laterales 2×2 de lado

Cubierta curva 2×2

Marco con puerta 1×4×6

SOBRE PLANO
La base es una placa 16×16. Si fuera más pequeña, el organizador podría volcar cuando se utilizara para objetos más largos. Las puertas facilitan recuperar los objetos más pequeños que hayan caído en las secciones más altas.

Son lápices de verdad con placas LEGO incrustadas

Ventana construida con dos marcos 1×2×2

VISTA LATERAL

ORGANIZADOR DE ESCRITORIO
Este organizador con aspecto de vivienda tiene muchas estancias perfectas para bolígrafos, lápices y otros objetos pequeños. Puedes construir organizadores con forma de vehículo o de animal o darles un aspecto totalmente abstracto.

CÁMBIALO
Añade un puente levadizo, torres y tal vez algún residente real, y transforma esta casa en un castillo. Incluso podrías añadir un espacio secreto para tus posesiones más preciadas.

Placas lisas para dar a la parte superior un aspecto acabado

¡BONITA CASA, SI NO TE IMPORTA TENER UN LÁPIZ GIGANTE EN LA COCINA!

Las secciones más pequeñas son ideales para gomas y clips

EXPRÉSATE

PROYECTO BÁSICO

Objetivo:	Construir mascotas y sus hogares
Uso:	Ofrecer cobijo, comida y cosas divertidas que hacer
Elementos:	Mascotas, follaje, comida, elementos acogedores
Extras:	Alfombras, juguetes, compañeros peculiares

CASAS PARA MASCOTAS

Imagina tu mascota ideal y luego imagina el lugar perfecto para que viva en tu casa. Deja volar la imaginación cuando le construyas una casa a tu mascota LEGO. No tienes por qué construir una estructura sólida con tejado y ventanas. ¿Qué necesita tu mascota para estar cómoda?

Las hojas cobijan... ¡o alimentan!

Las orejas son una placa con clip

¡EL QUE SALTE MÁS ALTO SE LLEVA LA ZANAHORIA!

Los pies del conejo se han hecho con placas redondas 1×2

CONSEJO

Las placas redondas con barras 1×1 tienen dos esquinas curvas y se pueden poner en ángulo para formar conexiones más allá de las cuadrículas LEGO.

CONEJOS DIVERTIDOS

Bastan once piezas para construir un conejo de ladrillos. Las grandes patas traseras son una placa conectora a la que se han unido dos placas como pies traseros. Una sola placa forma las dos patas delanteras, más pequeñas.

Placa en escuadra 1×1/1×1

Placa redondeada 1×1 con barra

Las placas redondas 1×1 pueden ser hocicos y colas

CONEJITOS A CUBIERTO

Estos conejos disponen de mucho espacio para saltar. Experimenta y construye una casa de varias plantas para tu mascota o construye una pista larga para tus conejos con obstáculos y juguetes. ¡Y no te olvides de dejar muchas hojas para que se las puedan comer!

Placa púrpura a juego con la flor que hay detrás

Un clip sujeta la mosca sobre la larga lengua roja

Comienza por un ladrillo 1×2 con cuatro espigas laterales

Teja curva invertida 2×1

Las patas son brazos de esqueleto

FRESCO COMO UNA LECHUGA

Este camaleón se funde a la perfección con su casa verde. Añade una rama a la que se pueda subir y una mosca para que desayune, y ya lo tendrás todo. ¿Sabes de otras mascotas que se camuflen en su entorno?

DEL COLOR QUE PREFIERAS

Estas criaturas cambian de color y son maestras del camuflaje. Si eliges los colores del camaleón en función del entorno de fondo, debería ser casi invisible.

¿TIENES HAMBRE? ¡AQUÍ TIENES MI PERRITO!

El respaldo es una teja curva 1×4×1⅓

Este pétalo es perfecto como base decorativa de la pantalla

DIENTES, DIENTES

Hay que ser muy valiente para tener a un cocodrilo como mascota, y aún más para tenerlo en casa. Este parece estar muy cómodo sobre la mullida alfombra. ¿O acaso está a punto de saltar sobre su presa?

¼ de cubiertas circulares son perfectas como escamas de reptil

Las articulaciones de las patas son placas 1×1 con barras

Las borlas de la alfombra son placas con dientes

115

JUEGOS

Si ya has jugado cientos de partidas con tus juegos de mesa, ha llegado el momento de probar algo distinto. Puedes construir versiones LEGO de juegos clásicos, pero también inventar otros completamente nuevos. Organiza una sesión de construcción y juegos con tus amigos y construid un trofeo para el vencedor.

PROYECTO BÁSICO

Objetivo: Construir un juego
Uso: Divertirte con tu familia y amigos
Elementos: Tableros, contadores, ruletas
Extras: Elementos tridimensionales, cronómetro, dado, trofeo

SUBE DE NIVEL

A diferencia de otros juegos de mesa, los juegos LEGO no necesitan caber en una caja. ¡Puedes hacerlos tan grandes y complicados como quieras!

CONTADOR

Aunque también puedes usar un dado estándar, esta ruleta LEGO es mucho más divertida. Hazla girar y descubre cuántas casillas has de avanzar.

Los números se hacen con cubiertas de distintas formas

GIRA Y GIRA

La ruleta se ha construido sobre una cubierta 2×2 con pasador utilizando un pasador-eje LEGO Technic.

Pasador-eje LEGO Technic

La base del tablero es una placa 16×16

Cada escalera se encaja sobre una sola placa redonda

SERPIENTES Y ESCALERAS

Añade placas largas y serpientes a este tablero y será uno de los juegos preferidos de la familia. Las placas conectoras son ideales en un tablero como este, porque tienen una espiga central sobre la que colocar las piezas.

El verde marca la salida

Cada jugador necesita cinco piezas iguales

Los colores sugieren un estanque como área de juego

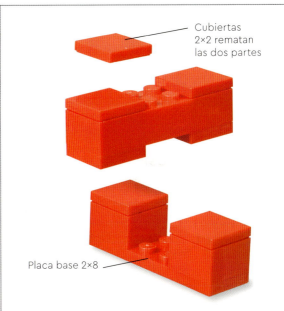

Cubiertas 2×2 rematan las dos partes

Placa base 2×8

TRES EN RAYA

El objetivo de esta adorable versión del juego clásico es poner tres patitos o tres ranas en raya. ¿Tienes algún otro animal o accesorio pequeño que puedas usar como ficha? Es muy pequeño, por lo que es ideal para llevártelo de viaje.

EN BLOQUE

Los bloques apilables se han hecho con ladrillos entre placas y cubiertas. Dos partes que encajan juntas forman la cruz. La parte inferior tiene una placa base 2×8, y la superior se ha construido alrededor de un ladrillo 2×8.

La capa central suele ser un ladrillo

FRÁGIL EQUILIBRIO

Utiliza ladrillos, placas y cubiertas para construir bloques LEGO de todos los tamaños y formas. Luego, apílalos turnándote con el resto de los jugadores. Si provocas el desplome de la estructura, has perdido. Si añades un tiempo límite, averiguarás lo bien que construyes bajo presión.

Puedes girar las formas en cualquier dirección

EXPRÉSATE

PROYECTO BÁSICO

Objetivo:	Construir almuerzos LEGO
Uso:	Exposición (¡no te lo comas!)
Elementos:	Fiambrera, zanahoria, huevo, pimiento, lechuga, tomate
Extras:	Acompañamientos, condimentos

FIAMBRERA *BENTO*

Si no te apetece cortar, laminar y cocinar comida de verdad, experimenta construyendo un almuerzo LEGO del que presumir. Puedes construir tu comida preferida o probar con combinaciones peculiares. No ensuciarás tanto, aunque la pena es que no te lo podrás comer.

Dos tejas curvas 3×1 conectadas a un plato son láminas de pimiento

Placas redondas 4×4 con un plato radar hacen las veces de ojo

ENSALADA DE PATO

Una *bento* es una fiambrera japonesa tradicional. Esta no solo parece apetitosa (y nutritiva), sino que es una obra de arte. ¿Ves el ojo-huevo de pato y el pico de pimiento amarillo? Construye una fiambrera poco profunda con placas base, ladrillos y cubiertas, y llénala de llamativos tentempiés LEGO.

CONSEJO

Planifica el tamaño de tu «alimento» principal antes de construir la fiambrera *bento*. Así, sabrás lo grande que ha de ser para poder contener la comida.

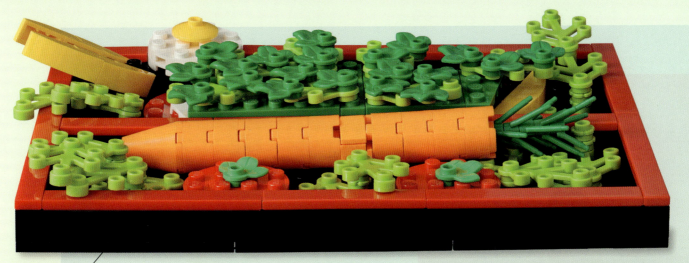

Ladrillos negros 2×4 forman los laterales

VISTA LATERAL

ECHAR RAÍCES
La zanahoria se ha construido fundamentalmente con ladrillos redondos 2×2 colocados de lado, pero en el centro contiene una placa y dos ladrillos con faro. La placa 1×2 se conecta a la base de la fiambrera para fijar la zanahoria y evitar que ruede.

Tejas pequeñas continúan la forma curva

Ladrillo con faro 1×1

Placa 1×2

Ladrillo redondo 2×2

Tallos vegetales apilados forman el brote de la zanahoria

Borde de cubiertas para un acabado liso y realista

¡ME IMPORTA UN PIMIENTO!

EXPRÉSATE

Paneles curvos con clips 4×4×13 como brillantes pétalos de flores

UN LUGAR ENCANTADOR
Construye un elemento central muy llamativo, como esta flor gigante, o acumula multitud de detalles pequeños. Diviértete con tus piezas LEGO más llamativas y construye lo que te haga feliz o encienda tu imaginación.

Las hojas moradas se enganchan con clips a las algas y forman plantas originales

Una corona blanca dota a la flor de pétalos puntiagudos

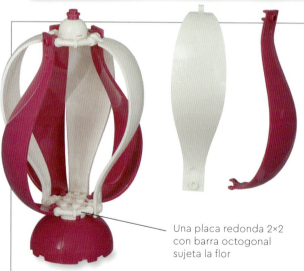

Una placa redonda 2×2 con barra octogonal sujeta la flor

FLOR GLOBO
El bulbo de esta impresionante flor consta de seis paneles curvos con clips 4×4×13 fijados a las barras de placas redondas en ambos extremos del modelo. Desconecta los paneles por el extremo superior para que la flor se abra en toda su gloria.

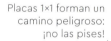

CÁMBIALO
Recrea tu reino encantado con los mismos elementos pero con otros colores para darle una atmósfera distinta. ¿Cómo de «encantador» sería si usaras colores más oscuros?

Placas 1×1 forman un camino peligroso: ¡no las pises!

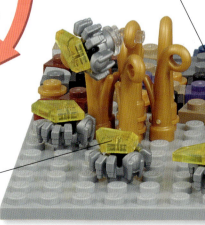

Da la impresión de que estas piezas de robot araña coronadas con cubiertas transparentes tienen poderes mágicos

120

REINO DE FANTASÍA

Construye un reino imaginario surgido directamente de tu imaginación. Este modelo muestra dos partes de un mismo mundo: una es un lugar encantador y la otra es mucho más tenebrosa. Desmelénate. En tu reino imaginario no hay normas, así que los objetos pueden estar patas arriba, del revés o ser maravillosamente extraños.

PROYECTO BÁSICO

- **Objetivo:** Construir un mundo imaginario
- **Uso:** ¡Lo que quieras!
- **Elementos:** Naturaleza de otro mundo
- **Extras:** Criaturas fantásticas, joyas, rocas

UN LUGAR TENEBROSO

Los tonos neutros y metalizados y las piezas LEGO angulosas son ideales para crear un mundo lúgubre. Construye criaturas espeluznantes, plantas con pinchos y árboles tóxicos para crear un ambiente muy distinto. Podría ser una cueva del tesoro o la madriguera de una criatura mágica.

RAMIFICACIONES

Las hojas se han construido apilando ¼ de cubierta circular y una placa de hoja naranja a un elemento de flor dorado. Los tallos marrones unen las hojas venenosas a un ladrillo 1×1 con espigas laterales en la parte superior del tronco.

Ladrillo 1×1 con espigas laterales

¿POR QUÉ SE MUEVEN ESTAS ROCAS?

Tronco formado por ladrillos redondos 1×1

PROYECTO BÁSICO

Objetivo: Construir tu propio decorado de película
Uso: Rodar una película de minifiguras
Elementos: Escenarios, actores
Extras: Aliens, cámaras, micrófono de caña

DIRIGE UNA PELI

¿Sueñas con dirigir una película algún día? ¡Ya puedes dejar de soñar! Construye un plató LEGO y empieza a rodar. ¿Qué tipo de película será? ¿Una comedia, una de superhéroes de acción ininterrumpida o una de ciencia ficción sorprendente? Construye tu plató y todo el material de rodaje, y reúne después a tu elenco de minifiguras.

INVASIÓN ALIENÍGENA

Usa el ingenio en tu plató. Para el rodaje en exteriores, solo necesitas las fachadas de los edificios, porque el interior no se verá. Piensa cómo usar el decorado y los detalles para que tu película sea emocionante. ¡Esos extraterrestres babosos se multiplican sin cesar!

Tejas 2×2×2 forman las tejas del tejado

Dos placas 1×6 en la parte trasera de las «casas» aportan estabilidad adicional

El soporte de la cámara es una barra en un cono 1×1

Ladrillo con espiga lateral 1×1

¡QUÉ PRINGUE!

Coloca en las paredes de las casas del decorado ladrillos con espigas laterales donde conectar elementos o personajes, como extraterrestres diminutos.

EXPRÉSATE

Colas de gato 1×2×2 para una melena cardada

¡ME HE PUESTO MORADA Y HE PERDIDO LA CAPA!

El emblema es una cubierta decorada con un ojo cerrado

Una teja invertida parece una rodilla flexionada

PROYECTO BÁSICO

Objetivo:	Construir un superhéroe LEGO
Uso:	Lograr hazañas increíbles
Elementos:	Traje, capa, accesorios
Extras:	Vehículo, ayudante, némesis

EL PARPADEO PÚRPURA

Si parpadeas, te perderás a esta minifigura rápida como el rayo. Parpadeo Púrpura es superveloz, e incluso se puede hacer invisible, aunque solo si nadie la mira. Es perfecta para misiones secretas, como hacerte con la última galleta sin que nadie se dé cuenta.

VISTA TRASERA

BRAZOS MÓVILES

Los brazos móviles se conectan a placas conectoras en el cuerpo. La placa conectora está fijada a una placa 2×2 que, a su vez, conecta los dos ladrillos con espigas laterales 1×1 que forman el tórax.

Esta placa conectora 1×2 sujeta el brazo

SUPERHÉROES

¿Has imaginado alguna vez cómo sería tener superpoderes? ¿Cuáles te gustaría tener? Mientras desarrollas tus propias habilidades superheroicas, ¿por qué no construyes un superhéroe LEGO? Piensa en qué poderes tendría y en cómo te podría ayudar en tu vida cotidiana.

CÁMBIALO

¿Tienen tus superhéroes una parte malvada? Piensa en cómo los podrías reconstruir como supervillanos. ¿Tendrían otros superpoderes?

PILA-R

A esta chica corriente le dio la ídem y se electrocutó. Ahora, Pila-r está superelectrificada y puede cargar cualquier dispositivo a velocidades supersónicas con solo tocarlo. ¡Genial!

Cubierta decorada con teléfono móvil conectada a una placa con mano en escuadra 1×1/1×1

El cuerpo está hecho con cuatro ladrillos redondos 2×2

La parte superior del zapato es media cubierta circular 1×1

PIZZA A DOMICILIO

¡Gracias a este héroe ultrarrápido ya no tendrás que esperar durante horas a que te traigan la pizza a casa! Te la traerá antes de que hayas podido decir «sin anchoas». ¿Te has fijado en que la capa es una porción de pizza? ¡Perfecto!

¡MARCHANDO UNA PIZZA!

Apila dos placas conectoras 2×2 y una cubierta decorada como cajas de pizza

Una cubierta redonda decorada con una pizza es el emblema ideal

UNA PORCIÓN DE ESTILO

La capa es una porción de pizza hecha con una base de placas-cuña, cubiertas de «queso» y multitud de ingredientes de pizza. Las placas-cuña encajan en ladrillos con espigas laterales en la espalda. ¿Y si los ingredientes reflejaran el estado de ánimo del superhéroe?

Una cubierta 1×4 sobre una placa 1×4 forma la corteza

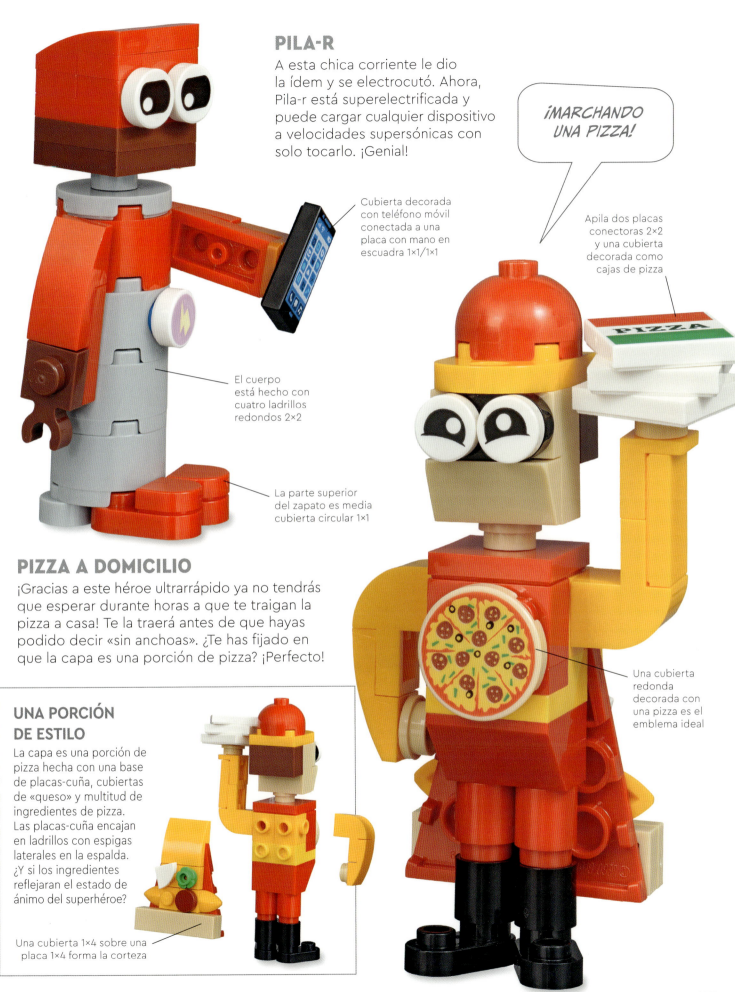

EXPRÉSATE

COFRE DEL TESORO

Aunque puedes construir cajas LEGO sencillas para guardar lo que sea, necesitas algo extraordinario si hablamos de tus mayores tesoros. Puede ser sofisticado y con muchos detalles llamativos, como este cofre, o un arcón de seguridad con compartimentos ocultos para que solo tú tengas acceso a lo que hay en el interior.

PROYECTO BÁSICO

- **Objetivo:** Construir un cofre LEGO
- **Uso:** Guardar objetos importantes
- **Elementos:** Compartimento, bisagra, tapa
- **Extras:** Ventanas, detalles dorados

ALMACENA CON ESTILO

Este cofre con ventanas de celosía y detalles dorados parece un palacio. Si levantas la tapa, descubrirás un compartimento pequeño y, si lo quitas, verás que debajo hay una sección oculta en la que puedes esconder tus tesoros más valiosos.

CÁMBIALO

Decora el cofre para las ocasiones especiales. Cambia las piezas de oro por piezas de color pastel en primavera o construye una vela y celebra tu cumpleaños.

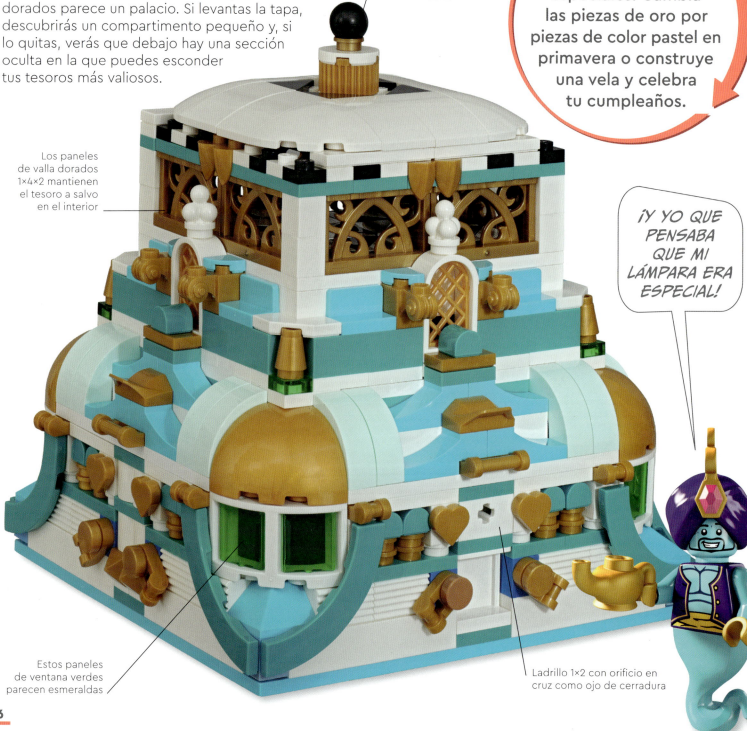

Una unión esférica LEGO Technic corona el cofre

Los paneles de valla dorados 1×4×2 mantienen el tesoro a salvo en el interior

Estos paneles de ventana verdes parecen esmeraldas

Ladrillo 1×2 con orificio en cruz como ojo de cerradura

¡Y YO QUE PENSABA QUE MI LÁMPARA ERA ESPECIAL!

VISTAS INCORPORADAS

Da a tu cofre un aspecto palaciego, y añade ventanas en arco para no perder de vista tus tesoros. Marcos de ventana en arco con paneles de celosía dorados encajan entre los ladrillos en el centro de cada una de las paredes del cofre.

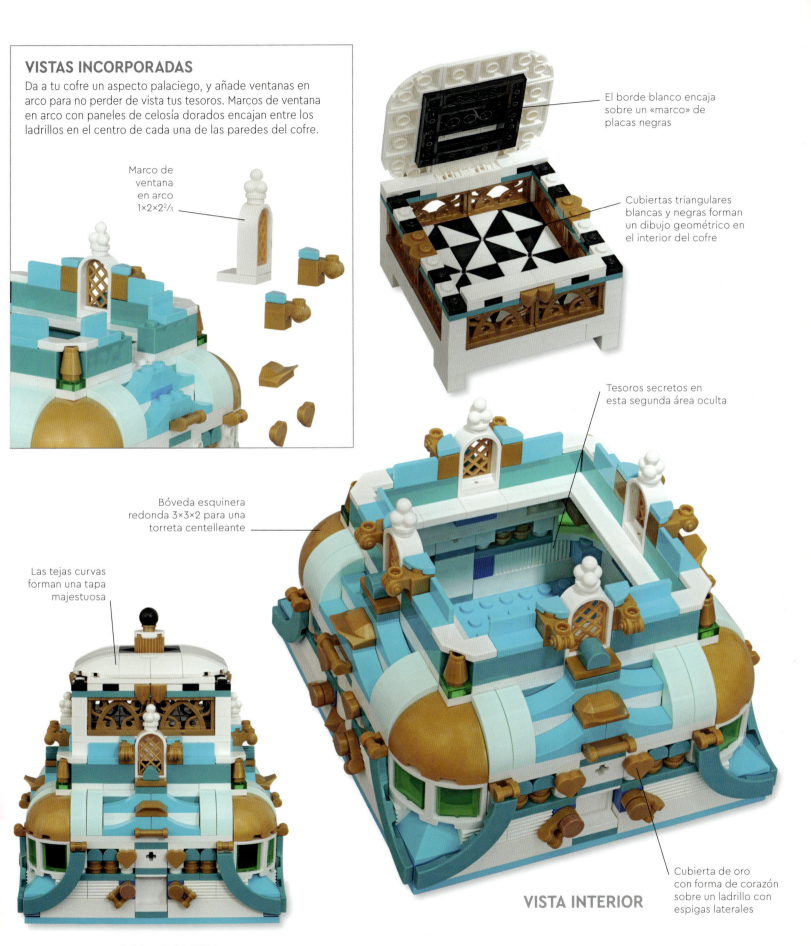

Marco de ventana en arco 1×2×2$^{2}/_{3}$

El borde blanco encaja sobre un «marco» de placas negras

Cubiertas triangulares blancas y negras forman un dibujo geométrico en el interior del cofre

Tesoros secretos en esta segunda área oculta

Bóveda esquinera redonda 3×3×2 para una torreta centelleante

Las tejas curvas forman una tapa majestuosa

Cubierta de oro con forma de corazón sobre un ladrillo con espigas laterales

VISTA FRONTAL

VISTA INTERIOR

LETRAS LEGO®

¿Puedes formar las letras del alfabeto latino con piezas LEGO? Hay muchos alfabetos distintos y aún más maneras de construirlos. Puedes formar letras con esquinas y curvas sencillas o dar rienda suelta a tu creatividad y formar piezas inusuales. Úsalas para escribir tu nombre, un cartel o un mensaje.

PROYECTO BÁSICO

Objetivo:	Construir las letras del alfabeto
Uso:	Escribir carteles o mensajes
Elementos:	Esquinas, bordes curvos, piezas en ángulo, dibujos
Extras:	Adornos como flores, ojos o criaturas diminutas

IDEAS MAYÚSCULAS

¿Harás todas las letras del mismo color o cada una será de un color distinto? También puedes formar cenefas o un marco e incluir toques personales, como flores, o bien ojos para dar vida a tus creaciones.

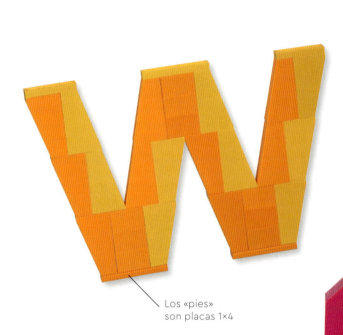

Los «pies» son placas 1×4

Cubierta decorada 1×3

Combina tejas y tejas curvas para construir esta «G»

Las letras pueden ser temáticas y estar decoradas, como esta «B» botánica

VOCAL PLANA

Puedes dejar esta letra plana o colocarla derecha sobre una base usando una placa en escuadra o un ladrillo con espigas laterales. Utiliza placas redondas para conectar los fragmentos y evitar que sobresalgan esquinas por las junturas.

Placa redonda 2×2

La «O» se ha hecho con cuatro ladrillos esquineros redondos 5×5×1

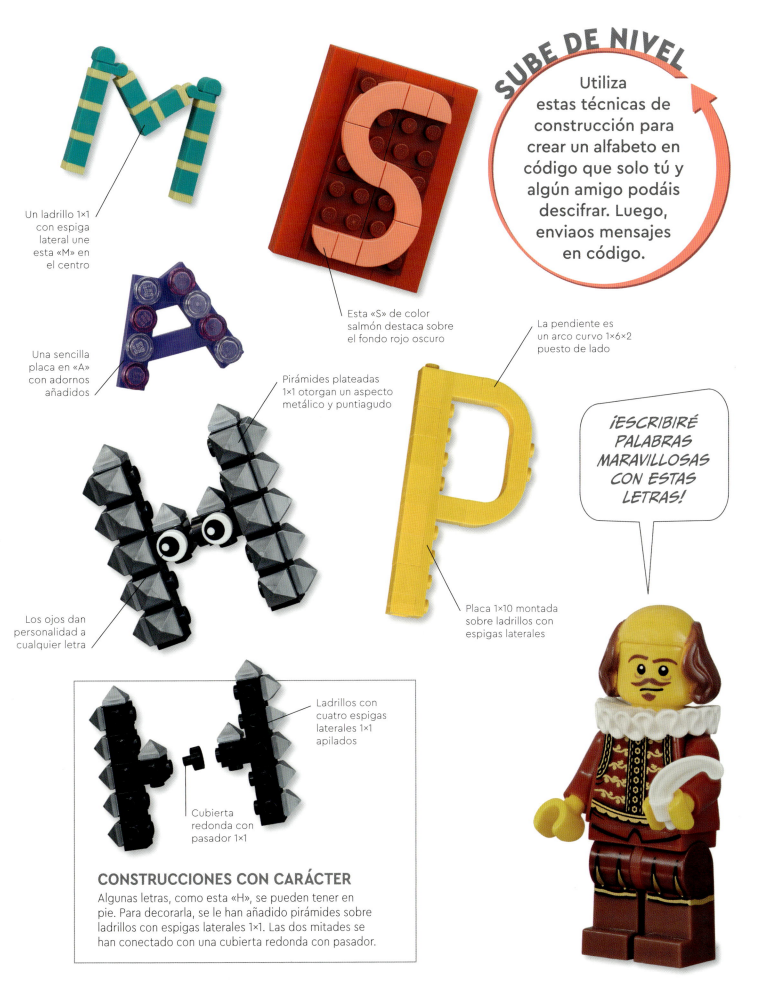

SUBE DE NIVEL

Utiliza estas técnicas de construcción para crear un alfabeto en código que solo tú y algún amigo podáis descifrar. Luego, enviaos mensajes en código.

Un ladrillo 1×1 con espiga lateral une esta «M» en el centro

Esta «S» de color salmón destaca sobre el fondo rojo oscuro

La pendiente es un arco curvo 1×6×2 puesto de lado

Una sencilla placa en «A» con adornos añadidos

Pirámides plateadas 1×1 otorgan un aspecto metálico y puntiagudo

Los ojos dan personalidad a cualquier letra

Placa 1×10 montada sobre ladrillos con espigas laterales

¡ESCRIBIRÉ PALABRAS MARAVILLOSAS CON ESTAS LETRAS!

Ladrillos con cuatro espigas laterales 1×1 apilados

Cubierta redonda con pasador 1×1

CONSTRUCCIONES CON CARÁCTER

Algunas letras, como esta «H», se pueden tener en pie. Para decorarla, se le han añadido pirámides sobre ladrillos con espigas laterales 1×1. Las dos mitades se han conectado con una cubierta redonda con pasador.

129

EXPRÉSATE

TU CASA IDEAL

Cada persona tiene su propia idea de cómo sería su casa ideal, por lo que este podría ser un proyecto genial para construir en equipo. Reúnete con amigos o familiares, acordad el tamaño de las habitaciones y quién hará cada una, y poneos manos a la obra para construir algo fabuloso. Cuando terminéis, unid todas las creaciones.

PROYECTO BÁSICO

Objetivo:	Construir una casa ideal
Uso:	Comer, dormir, relajarse, jugar
Elementos:	Salón, cuarto de baño
Extras:	Muebles, elementos decorativos, mascotas, juguetes

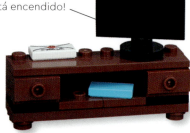

¡Añade una cubierta decorada para que parezca que el televisor está encendido!

MUEBLE PARA EL TELEVISOR

Una placa LEGO Technic con anillo conecta la pantalla y el soporte

Placa con raíl como bastidor

Las flores en este ladrillo redondo que hace de jarrón animan la sala

SALÓN

Puedes construir una casa que se parezca a la tuya o crear algo totalmente distinto. En esta sala tan acogedora prima la comodidad, y desde los asientos se puede ver cómodamente la televisión mientras se toma un té.

El cojín es una cubierta 2×2

BUTACA

CORTINAS

La cortina está montada sobre un ladrillo con espigas laterales en la pared. Una teja curva 3×1 conectada de lado a placas en escuadra 1×2/1×2 parece una cortina recogida.

Una cubierta 1×4 tapa las espigas

130

CONSEJO

Comienza las estancias con una placa grande, como estas placas 16×16. Luego, levanta las paredes en tres de los lados antes de que las minifiguras amueblen el espacio.

Incluye utensilios útiles, como un ladrillo redondo 1×1 que hace de vaso

¡EH! ¿QUIÉN HA USADO MI CHAMPÚ?

Cubierta 1×1 como pastilla de jabón

Un ladrillo redondo 1×1 es un rollo de papel higiénico, que encaja en una pieza de grifo

La alfombrilla de baño es una placa 2×4

El desagüe es una placa redonda 1×1

CUARTO DE BAÑO

Los colores pastel aportan serenidad al cuarto de baño. Cubiertas de distintos tamaños y colores forman un dibujo en el suelo. Las alfombrillas, hechas con placas 2×4, evitan que las minifiguras resbalen.

¿HAS SIDO TÚ?

Plato radar 2×2 conectado a una cubierta con barra 1×1 como lavabo

MUEBLE DE BAÑO CON LAVABO

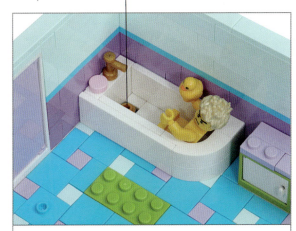

¡AL AGUA, PATOS!

Dos arcos curvos 1×3×2 colocados de lado forman la esquina de la bañera para que la minifigura se pueda recostar. El borde exterior es una capa de cubiertas blancas brillantes sobre otra de placas.

131

EXPRÉSATE

PROYECTO BÁSICO

Objetivo: Ampliar tu casa ideal
Uso: Comer, dormir, relajarte, jugar
Elementos: Sala de juegos, cocina
Extras: Piscina de bolas, butaca, horno, frigorífico, mesa de comedor

SUEÑA A LO GRANDE

¿Cuántas habitaciones tendría tu casa ideal? Habrá espacios esenciales, como la cocina, el cuarto de baño y un salón; pero ¿qué otras ideas se te ocurren? ¿Qué tal una sala de juegos, un garaje, un cine doméstico, una sala de videojuegos, una piscina con *spa* o una sala para tus modelos LEGO? ¡Eso sí que sería genial!

SALA DE JUEGOS

¡Prohibido el paso a los adultos! ¡Esta sala es solo para niños! ¿Qué tendría tu sala de juegos ideal? Esta tiene una tienda de campaña para leer, muchos cuentos y una piscina de bolas de todos los colores del arcoíris.

Cada franja es una hilera de ladrillos 1×2 y 1×1

Dos capas de placas conectoras se convierten en una estantería llena de libros

La base de la tienda de campaña son placas y tejas curvas

Las tejas curvas dan la forma redondeada a la butaca

¡ME VOY A LANZAR DE CABEZA!

Placas redondas 1×1 llenan la piscina de bolas

PISCINA DE BOLAS

Las paredes se han hecho con arcos curvos, cuya parte inferior se ha conectado a ladrillos con espigas laterales. La parte superior se ha sujetado con cubiertas.

¡OTRO PEDIDO! ¡NECESITO UNA MESA MÁS GRANDE!

Reloj de pared montado sobre una placa en escuadra en la pared

Los fogones son cubiertas con rejilla

Las patas de la mesa son dos placas redondas y un ladrillo 1×1 apilados

Alterna cubiertas blancas y negras para construir este suelo en damero

Los contenedores 2×3×2 son fantásticos como espacio de almacenaje

COCINA

Quizá un gran chef pueda hornear pasteles en tu casa ideal a diario. De ser así, necesitará un horno, un frigorífico bien abastecido y un reloj para controlar el tiempo y evitar que los bizcochos se quemen.

HORNO

SUBE DE NIVEL

Una vez hayas terminado todas las estancias de tu casa ideal, sal afuera y diseña tu jardín ideal. ¿Con qué lo llenarás? ¡Desmelénate!

PUERTA DE FRIGORÍFICO

Dos tejas curvas 2×2 y una cubierta pequeña encajan sobre una placa 2×3 y forman la puerta. Las tejas se conectan a dos ladrillos con espigas laterales 1×2 que las mantienen en su sitio.

Parte posterior de una teja curva 2×2

EXPRÉSATE

EMOCIONES

En ocasiones nos cuesta explicar qué sentimos. ¿Y si construyes tus emociones con LEGO y haces que los modelos hablen por ti? Ayudará a los demás a entender cómo te sientes, y hasta quizá te ayude a ti a elaborar alguna emoción. Si no estás muy seguro de lo que sientes, comienza a construir…, a ver qué sale.

PROYECTO BÁSICO

Objetivo:	Expresar tus emociones
Uso:	Elaborar las emociones, expresar lo que sientes
Elementos:	Escenas pequeñas, arte abstracto
Extras:	Escenas más grandes, partes móviles, expositor

EL ASCENSO DE LA OSCURIDAD

Con el atisbo de cabeza y hombros, este modelo podría ser la encarnación de la sombra de la tristeza. La base es estrecha y se ensancha a medida que asciende.

- Teja curva 2×2×1
- Teja invertida 1×2×3

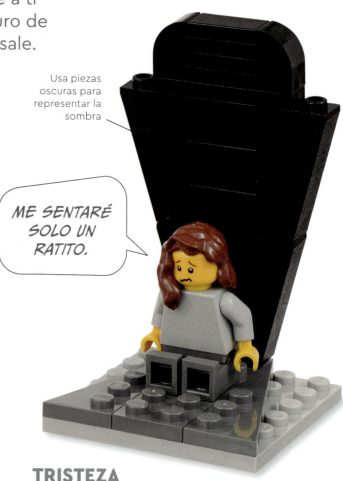

Usa piezas oscuras para representar la sombra

ME SENTARÉ SOLO UN RATITO.

TRISTEZA

La tristeza puede ser una emoción sombría. ¿Cómo la podrías representar? Es posible que el proceso de construir algo y de ser creativo te ayude a ver las cosas menos negras (o grises).

Los ladrillos transparentes sugieren que las cabezas están flotando

Los sombreros podrían representar opciones profesionales o de estudios

DESCONCIERTO

La vida puede ser desconcertante. ¡Esta minifigura no sabe qué ponerse! Visualizar las opciones o problemas con tus piezas LEGO te puede ayudar a encontrar soluciones. ¡Se queda con el sombrero de mago!

El martillo se ha construido a partir de un ladrillo con orificio en cruz

IRA

Expresa tus emociones con un uso creativo del color. Este modelo es de un rojo encendido, y la minifigura parece muy enfadada. ¡Te costará seguir enfadado cuando hayas construido este modelo tan imaginativo!

VISTA TRASERA

Las llamaradas en ángulo se han montado sobre cilindros con bisagra-clic

Placas transparentes apiladas sujetan la minifigura en pleno salto

CÁMBIALO

Además de utilizar ladrillos y placas transparentes, ¿qué otras maneras se te ocurren para lograr que parezca que las piezas flotan?

Coloca cuidadosamente las cubiertas decoradas con pizzas para que no se desplomen

¡QUIERO LO MISMO QUE ÉL!

FELICIDAD

Construye lo que te hace feliz y tenlo cerca de ti para animarte siempre que lo veas. Esta minifigura parece encantada de la vida con un suministro infinito de pizza recién hecha.

Cubiertas de nueve 3×5 apiladas

Una base amplia impide que el modelo se caiga

VISTA TRASERA

135

EXPRÉSATE

ACUARIO

Inspírate en este acuario y construye una mascota LEGO, como esta carpa dorada. Puedes crear el tipo de pez que más te guste, ¡cuidarlo no te exigirá nada! También puedes reciclar el acuario y transformarlo en un terrario para una serpiente, lagarto, araña o la mascota que prefieras.

PROYECTO BÁSICO	
Objetivo:	Construir una mascota y su acuario
Uso:	Compañía, relajación, decoración
Elementos:	Acuario, rocas, plantas acuáticas
Extras:	Otros peces o criaturas marinas, cofre del tesoro, barco hundido

Las tejas curvas son puntas de frondas muy realistas

PLANTAS ACUÁTICAS

La barra pasa por el centro de las plantas

CREO QUE YA HE VISTO ESTAS ROCAS ANTES...

El pez «flota» gracias a ladrillos transparentes

CÁMBIALO

En lugar de construir un acuario, transforma tu cuarto construyendo multitud de peces «flotantes» que luego depositarás sobre todas las superficies.

ESPACIO VITAL

Construyas lo que construyas, necesitará espacio para nadar, correr o saltar. Este acuario tiene rocas interesantes y plantas que tanto proporcionan cobijo como alimento. ¿Y si añades un cofre del tesoro o un barco hundido?

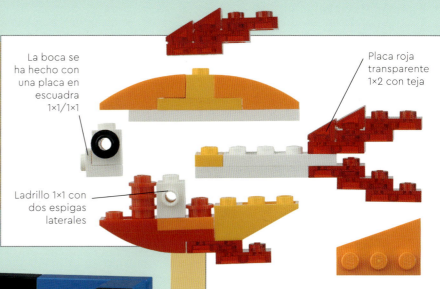

La boca se ha hecho con una placa en escuadra 1×1/1×1

Placa roja transparente 1×2 con teja

Ladrillo 1×1 con dos espigas laterales

CARPA DORADA

Los ojos y las aletas pectorales se han construido sobre ladrillos con dos espigas laterales, y las branquias son placas redondas 1×1 apiladas. Las aletas dorsal, pélvica y caudal se han hecho con ladrillos rojos transparentes que suman realismo.

La parte superior del acuario descansa sobre medios arcos

La base se compone de tres placas 8×16

Los cuatro lados abiertos ofrecen una vista perfecta desde todos los ángulos

VISTA LATERAL

ROBOTS ÚTILES

EXPRÉSATE

PROYECTO BÁSICO

Objetivo:	Diseñar tu propio robot
Uso:	Ayudar con tareas específicas
Elementos:	Herramientas útiles, cuerpo robusto, botones y controles
Extras:	Ruedas o vías, cosas que arreglar o de las que encargarse

¿Alguna vez has soñado con tener un robot que te ayude con las tareas aburridas que preferirías no hacer? Es posible que tu robot ideal sea todo un experto en hacer los deberes, o bien quizá le encante ordenar. ¿Qué aspecto tendría tu robot y qué herramientas necesitaría para desempeñar sus tareas?

La cabeza es una bóveda transparente 2×2×2

El cuerpo de la regadera y el asa son un ladrillo con barra 1×1

El pitorro se conecta a una placa con clip

SUBE DE NIVEL

Algunos sets LEGO son robots que funcionan de verdad. Se suelen utilizar en clases de programación, así que pregunta a tu profesor si hay alguno en el colegio.

ROBOT JARDINERO

¿Te vas de vacaciones y no podrás cuidar de tus plantas? ¡El robot jardinero lo hará por ti! Tiene un brote de planta como cerebro, por lo que entiende muy bien qué quieren los vegetales. ¿Por qué no le construyes plantas con hojas para que las cuide?

La planta se ha hecho con placas de hoja y placas redondas

PLANTA CON MACETA

La pantalla de control es una tapa de libro transparente

SOBRE RUEDAS

El robot jardinero no se desplaza sobre piernas, sino sobre ruedas hechas con placas redondas 1×1 montadas en placas con manillar. Los brazos articulados son conectores de barra con clips conectados a barras y se unen a cubiertas con clip en el cuerpo.

Placa con manillar 1×2

Placa redonda con espiga abierta 1×1

¡AJÁ! ¡AHORA PODRÉ CONQUISTAR EL MUNDO!

CONTROLADOR ROBÓTICO

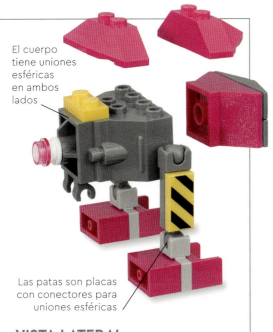

El cuerpo tiene uniones esféricas en ambos lados

Las patas son placas con conectores para uniones esféricas

VISTA LATERAL

Este robot se ha construido alrededor de la pieza hueca que hace de cuerpo y que se suele usar en las minifiguras de robots de batalla. Si lo colocas de lado, el chasis se convierte en una cuenca ocular, mientras que los clips se transforman en garras.

ROBOT MECÁNICO

Este robot es un mecánico muy apañado. Lo arregla todo, desde motores de coche a ordenadores. No obstante, ándate con cuidado porque un extraterrestre intenta reclutarlo. Por suerte, este robot prefiere trastear motores a conquistar el mundo.

El brazo-herramienta se ha construido sobre una barra en «T»

Realista motor de pistones y ocho cilindros

MOTOR

El panel puesto de lado puede ser tanto un pie como una pala

Las patas se han fijado a esta placa redonda con barras

VISTA INFERIOR

ROBOT COCINERO

Este robot podría ser el preferido de la familia. ¡Le encanta cocinar y fregar los platos! Los largos brazos pueden mantener las sartenes calientes a una distancia segura, y el panel de control programa el horno a la temperatura adecuada.

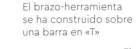

¡TENGO EL TRABAJO MÁS JUGOSO DE TODA LA PÁGINA!

Barras con clips articulan los brazos

Las patas son brazos de esqueleto fijados a conectores de barra con barras

Horno doble construido con dos buzones de correos

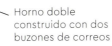

HORNO

GRANDES AVENTURAS

¿Sueñas con hacer acrobacias aéreas o con avanzar a todo vapor en un vehículo retrofuturista? ¿O quizá prefieres ir a un concierto de insectos? Junto a tus piezas LEGO® correrás aventuras sin límite, ya sean históricas, fantásticas o de fuera de este mundo. ¡Deja volar tu imaginación!

GRANDES AVENTURAS

ESTACIÓN DE ESQUÍ

¡No hay nada más divertido que la nieve! Los deportes de invierno son una genial actividad al aire libre, y aquí encontrarás todo lo que podría desear una minifigura sobre esquís o *snowboards*. Asegúrate de que tus minifiguras estén bien abrigadas antes de salir hacia las pistas. ¡Hace mucho frío!

PROYECTO BÁSICO

Objetivo:	Estación de esquí
Uso:	Diversión, ejercicio y aire fresco para tus minifiguras
Elementos:	Telesilla, soporte para esquís, árboles, puesto de bebidas
Extras:	Cabaña, rampa, taquillas

TELESILLA

Esquiar montaña abajo es rápido y divertido. Volver a subir a pie ya no lo es tanto. Ahórrales la escalada a tus minifiguras con un telesilla que las remonte a toda velocidad, y añade unas bonitas vistas que puedan admirar desde arriba.

Un eje conector LEGO Technic y una barra mantienen la manguera en su sitio

Los telesillas se deslizan a lo largo de esta larga pieza de manguera

Una barra azul transparente hace de témpano de hielo

Si no tienes montantes 2×2×10, apila ladrillos 2×2

Puedes añadir un ladrillo 2×2 bajo el montante para formar la pendiente del ascensor

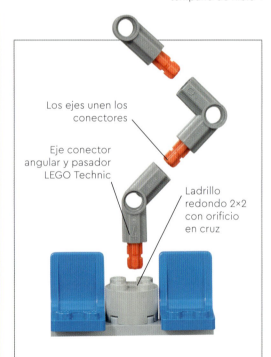

Los ejes unen los conectores

Eje conector angular y pasador LEGO Technic

Ladrillo redondo 2×2 con orificio en cruz

SUBE Y BAJA

Los telesillas se deslizan por la pieza de manguera en el modelo gracias a los ejes conectores y los pasadores LEGO® Technic. Si no tienes esas piezas, prueba con otras que también tengan anillos y orificios.

PISTA DE ESQUÍ

SUBE DE NIVEL

Pídele a un amigo que construya una pequeña cabaña o una rampa de saltos para que tus minifiguras se lo pasen genial. ¡Podéis construir una estación de esquí entera!

- Cubierta 2×4 decorada como cartel
- Esta placa dentada blanca parece nieve fundiéndose
- Ladrillos cilíndricos 1×2 forman los laterales del puesto

VISTA TRASERA

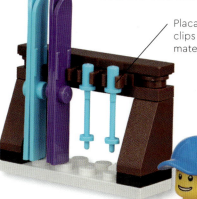

- Placas con clips sujetan el material de esquí

SOPORTE PARA ESQUÍS

¿ESTÁ CANTANDO AL ESTILO TIROLÉS?

ESQUÍS Y TÉS

¿No tienes esquís? Construye un soporte para esquís para que los visitantes los puedan alquilar. Construye también un puesto de bebidas.

¡AAAYYY, AAAYYY!

¡CUIDADO CON LOS ÁRBOLES!

Añade paisajes nevados y abetos para que la estación de esquí sea pintoresca. ¡Asegúrate de que la pista quede despejada!

- Una teja blanca 1×1 es una copa nevada
- Placa conectora 2×2

- Ladrillos redondos 2×2 como tronco

CONEXIÓN VERDE

Las placas conectoras te permiten centrar partes de tus modelos. Fija una placa conectora a la última capa de ramas para que el abeto tenga forma cónica.

- Las ramas son tejas conectadas en ángulo recto

AVENTURA PIRATA

PROYECTO BÁSICO

- **Objetivo:** Construir una búsqueda del tesoro
- **Uso:** Navegar, conseguir un botín
- **Elementos:** Isla, barco pirata
- **Extras:** Cofre del tesoro, tesoro, barcos pequeños

¿Estáis tus minifiguras y tú listos para lanzaros al abordaje? Piensa en lo que necesitarán tus piratas para una búsqueda del tesoro llena de aventuras. ¿Construirás una isla desierta? ¿Y un barco digno de un capitán? Y no te olvides del tesoro. Pueden ser monedas de oro, joyas centelleantes o incluso pizza.

Una palmera da vida a la isla

Placas de color beis oscuro como arena mojada

> ¡OJALÁ FUERA UNA MAGDALENA DE VERDAD Y NO DE ORO! ¡ME MUERO DE HAMBRE!

A SALVO

Apila el botín sobre una placa 1×3 y métela en el cofre, para evitar que el oro se caiga. También impedirá que se lo lleve algún pirata que pueda pasar por aquí.

Placa 1×1 con voluta

Las placas redondas 1×1 son monedas muy convincentes

SUBE DE NIVEL

Esta diminuta isla desierta solo contiene un puñado de piezas. Puedes crear otra más grande o incluso construir un archipiélago de islotes.

ISLA DEL TESORO

No cabe duda de que tus piratas irán a la caza del tesoro, pero ¿dónde lo ocultarás? Podrías esconderlo en una diminuta isla desierta hecha con placas beis que evocan una playa de arena.

Estas placas 4×4 con engranajes parecen olas del mar

> ¡PESCADITO FRITO! ¡ME ENCANTA!

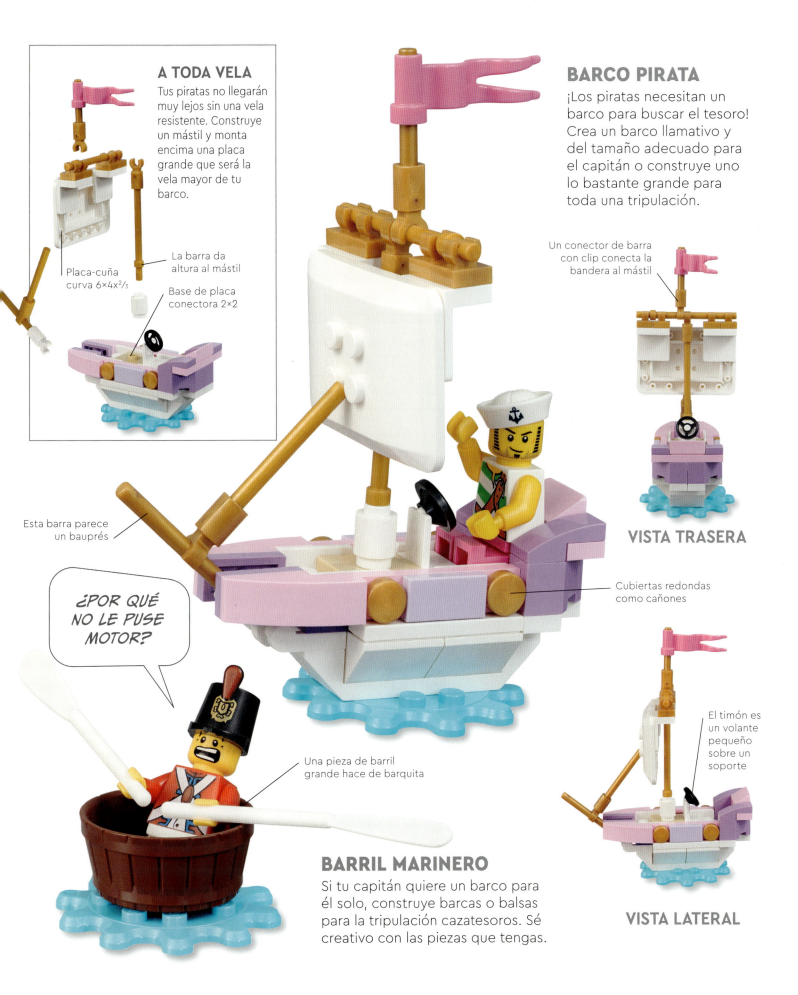

A TODA VELA

Tus piratas no llegarán muy lejos sin una vela resistente. Construye un mástil y monta encima una placa grande que será la vela mayor de tu barco.

Placa-cuña curva 6×4x²⁄₃

La barra da altura al mástil

Base de placa conectora 2×2

BARCO PIRATA

¡Los piratas necesitan un barco para buscar el tesoro! Crea un barco llamativo y del tamaño adecuado para el capitán o construye uno lo bastante grande para toda una tripulación.

Un conector de barra con clip conecta la bandera al mástil

Esta barra parece un bauprés

¿POR QUÉ NO LE PUSE MOTOR?

Cubiertas redondas como cañones

VISTA TRASERA

BARRIL MARINERO

Si tu capitán quiere un barco para él solo, construye barcas o balsas para la tripulación cazatesoros. Sé creativo con las piezas que tengas.

Una pieza de barril grande hace de barquita

El timón es un volante pequeño sobre un soporte

VISTA LATERAL

GRANDES AVENTURAS

PROYECTO BÁSICO

Objetivo: Construir actividades de escalada
Uso: Poner a prueba a las minifiguras
Elementos: Paredes, apoyos, plataformas, cuerdas, cables
Extras: Río, cocodrilo hambriento

ESCALADA

¿Quieren tus minifiguras llegar al límite? Constrúyeles actividades de escalada LEGO® para poner a prueba su forma física y su valor... ¡y para que se diviertan! Puedes construir un rocódromo, una tirolina, redes de carga, toboganes, columpios y mucho más. No te olvides del material de seguridad, como arneses, cuerdas y cascos.

Medios arcos sujetan las cuerdas de seguridad LEGO

¡NO MIRES ABAJO, NO MIRES ABAJO!

Usa cualquier pieza pequeña que tengas para construir los apoyos. ¡Incluso una llave inglesa!

SUBE DE NIVEL

Transforma estos dos modelos en una gran zona de juegos al aire libre o en una pista de obstáculos. ¿Y si le das aspecto de jungla o de desierto?

ROCÓDROMO

Forma una pared rectangular apilando ladrillos grises. Incluye ladrillos con espigas laterales donde fijar los apoyos para que las minifiguras se puedan agarrar e impulsar mientras ascienden.

Piezas de valla para mantener a salvo a las minifiguras

Placas largas apoyan el muro desde atrás

VISTA LATERAL

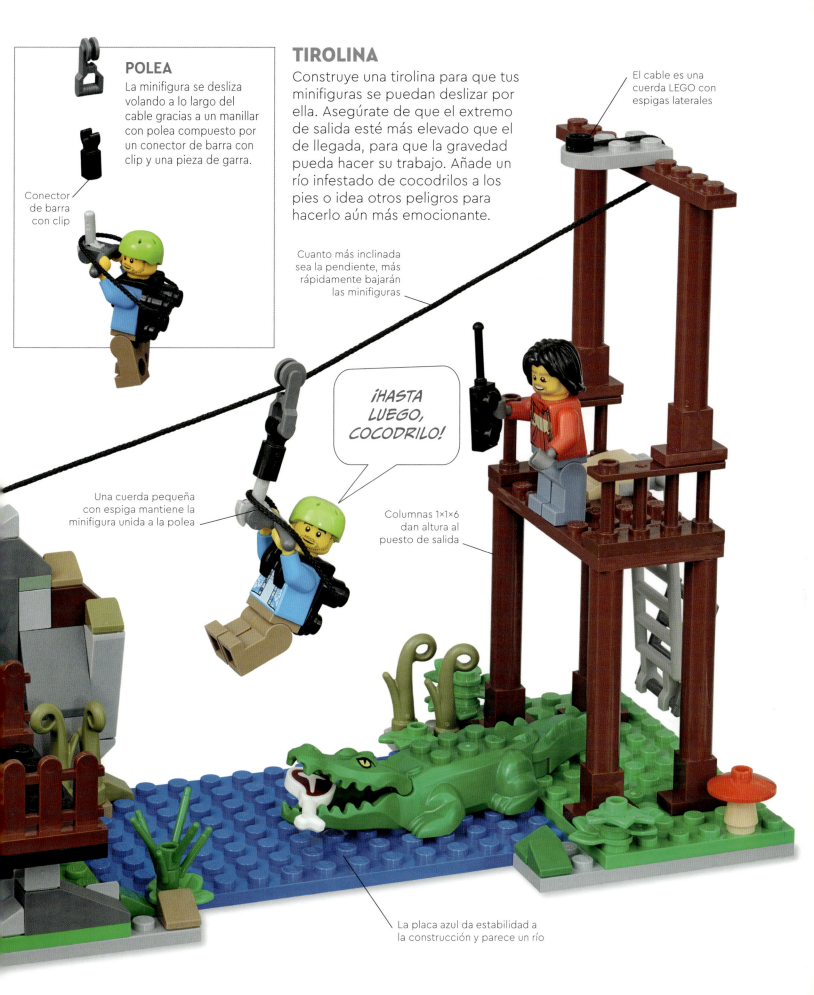

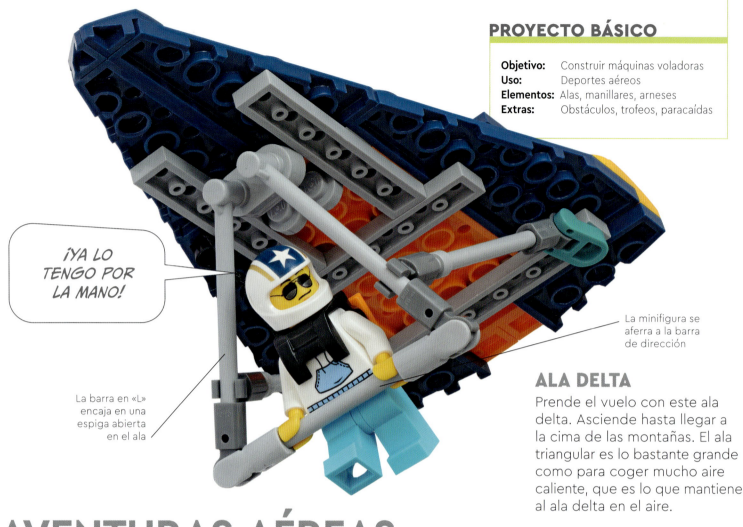

¡YA LO TENGO POR LA MANO!

La barra en «L» encaja en una espiga abierta en el ala

La minifigura se aferra a la barra de dirección

PROYECTO BÁSICO

Objetivo: Construir máquinas voladoras
Uso: Deportes aéreos
Elementos: Alas, manillares, arneses
Extras: Obstáculos, trofeos, paracaídas

ALA DELTA

Prende el vuelo con este ala delta. Asciende hasta llegar a la cima de las montañas. El ala triangular es lo bastante grande como para coger mucho aire caliente, que es lo que mantiene al ala delta en el aire.

AVENTURAS AÉREAS

El tiempo vuela cuando te lo pasas bien, y en especial cuando te lo pasas bien volando. Transforma tus minifiguras en deportistas de altura proporcionándoles material con el que emprender el vuelo. ¿Preferirán el ala delta o la escoba voladora? También puedes construir globos aerostáticos, planeadores o aves que montar. ¡El cielo es el límite!

Dos tejas-cuña 2×1 le dan la forma puntiaguda

La placa con clips sujeta el arnés abajo

VISTA SUPERIOR

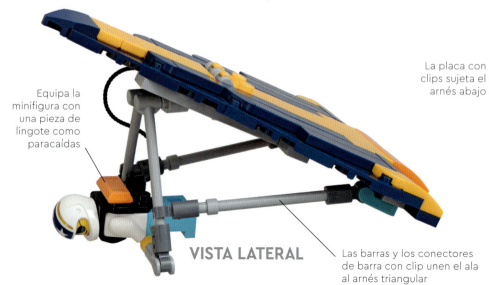

Equipa la minifigura con una pieza de lingote como paracaídas

VISTA LATERAL

Las barras y los conectores de barra con clip unen el ala al arnés triangular

GRANDES AVENTURAS

CARRERA DE ESCOBAS

Ha llegado la hora de la carrera de escobas voladoras en la escuela de magia. Construye una pista con obstáculos y minimarcadores. ¿Qué bruja o mago se alzará con la copa del ganador?

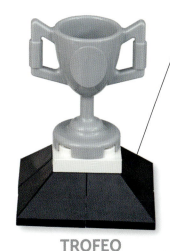

Cuatro tejas esquineras forman una elegante peana para el trofeo

TROFEO

SUBE DE NIVEL

Demuestra tus habilidades de construcción con una pista completa para la carrera de escobas. Construye triples barras de salto, fosos con agua, paredes o aros.

¿QUE POR QUÉ VOLAMOS SOBRE ESCOBAS? ¡PORQUE LOS ASPIRADORES PESAN MUCHO!

Levanta un muro con piezas de valla o con ladrillos apilados

Si no tienes una pieza de escoba, prueba a construir una con una barra y un cono

Piezas de megáfono sostienen la barra de salto

Construye un soporte transparente para que la minifigura «vuele»

Las piezas de bombilla sobre los conos ayudan a los jinetes a verlos

Placa en escuadra 1×1/1×1

Una placa-bisagra 1×4 parece una pierna flexionada

El pie es una cubierta 1×1

AGÁRRATE

Las piernas de esta minifigura se han construido de tal modo que parece que esté sentada sobre el palo de escoba. Una placa azul con clip en el centro de las piernas encaja sobre el palo de escoba y mantiene la figura bien sujeta.

GRANDES AVENTURAS

MONOPATÍN EXTREMO

El monopatín puede ser un deporte extremo, y estas construcciones LEGO te proporcionarán una diversión igualmente extrema. Construye un parque de patinaje urbano o una pendiente nevada si prefieres el aire libre. ¡Hazte con unas cuantas tejas y pasa a la acción!

PROYECTO BÁSICO

- **Objetivo:** Construir estructuras para patinar
- **Uso:** Disfrutar con el monopatín
- **Elementos:** Rampas, pendientes, plataformas
- **Extras:** Vallas, grafiti, paisajes

CONSEJO

Necesitarás rampas tanto para los monopatines como para practicar *snowboard*. Intenta tapar las espigas para evitar que la bajada sea accidentada.

¡RODANDO VOY, RODANDO VENGO!

La plataforma se ha hecho con tejas 1×2

Una barra transparente con espiga angular sostiene en ángulo el monopatín

Dota a la rampa de una pendiente con arcos invertidos 1×3×2

Puedes añadir piezas de colores para sugerir grafitis

RAMPA

Esta rampa hecha con arcos invertidos es perfecta para que las minifiguras practiquen sus *drop-ins*. Cuanto más alta sea, más rápida será la bajada y más «aire» conseguirá la minifigura en el otro lado. ¿Por qué no construyes un parque de patinaje completo, con tubos, bancos y raíles?

VISTA FRONTAL

ARCOS NEVADOS

Seis arcos invertidos 1×3×2 forman la curva de este cuarto de tubo nevado. Ladrillos y tejas apilados detrás de los arcos dejan espacio al paisaje y dan al *snowboarder* un lugar desde el que emprender su aventura sobre la nieve.

Las afiladas hojas de abeto son tallos de flor

Los arcos invertidos también conectan placas en la base del modelo

¿Qué otros elementos de paisaje podrías añadir a la rampa?

¡ESTE ÁRBOL NO ME DEJA VER EL BOSQUE!

COMO PINGÜINO EN LA NIEVE

¿Quién teme al frío? No este *snowboarder*. ¡Se lo está pasando demasiado bien! Da a la pista un aspecto invernal con ladrillos blancos y abetos verdes.

Tejas grises como rocas entre la nieve

Una cubierta grande como base plana de la rampa

Las tejas curvas forman un banco de nieve que amortigua el aterrizaje

151

GRANDES AVENTURAS

PROYECTO BÁSICO

Objetivo:	Construir deportes acuáticos
Uso:	Ocio, carreras
Elementos:	Tablas, barcos, velas
Extras:	Rápidos, paisaje, animales

DEPORTES ACUÁTICOS

Hazte a la mar y zambúllete en construcciones LEGO de deportes acuáticos. ¿Elegirás el *windsurf*, remarás en una piragua o navegarás a toda vela? Si tus minifiguras son aficionadas a los retos, añade rocas, aves amenazantes o incluso un tiburón.

Apila tejas sobre placas y, luego, dales la vuelta

Barra fijada a cubierta con clip

WINDSURF

¡Ah, la brisa marina! ¡Te encanta! Con el viento en la vela (¡y en la melena!), este windsurfista se desliza a toda velocidad sobre las olas. La vela debe su forma triangular a las tejas.

¿NO PODÉIS REMAR MÁS RÁPIDO?

Una cuerda con espigas laterales conecta al esquiador acuático a la barca

No te olvides de los elementos de seguridad, como este salvavidas

Ladrillo 1×1 con espiga lateral

Placa esquinera 2×2

Una cubierta con clip 1×1 sujeta el remo

Teja curva 8×1

Tejas curvas más pequeñas conectadas a placas esquineras

TODOS A REMAR

¡Esto no es precisamente un deporte extremo! Que lo remolquen tan despacio desde una barca a remo no es muy divertido para este intrépido esquiador acuático. ¿Y si construyes un motor en la popa?

DALE FORMA

Tejas curvas se unen a ladrillos con espigas laterales en ambos extremos de la barca para formar los laterales. Dos placas esquineras 2×2 en el centro de las tejas añaden estabilidad y permiten fijar tejas a la parte inferior del casco para que pueda navegar.

El tronco se ha hecho con ladrillos 1×1

Las tejas forman un fondo rocoso

¡VOY MUY LENTO PARA ESTAR EN UNOS RÁPIDOS!

Las tejas 1×1 son agua sobre las rocas

Cubiertas azules transparentes 1×2 como río tranquilo

PIRAGÜISMO EN AGUAS RÁPIDAS

¿Podrá el piragüista guiar la barca por estos rápidos escarpados y burbujeantes? Complícale las cosas aún más y amplía la escena con más rocas y rápidos río abajo.

Usa placas transparentes para evocar el agua con burbujas

VISTA LATERAL

Una placa-bisagra 1×2 mantiene la piragua inclinada

153

GRANDES AVENTURAS

AVIONES DE CARRERAS

Estos aviones nunca romperán la barrera del sonido, pero son ideales para hacer carreras. Construye postes con banderas a cuadros para indicar los puntos de despegue y de aterrizaje. ¡Las hélices ya pueden empezar a girar! ¿Tendrán que superar obstáculos o pasar por aros? ¡Emprende el vuelo!

PROYECTO BÁSICO

Objetivo: Construir aviones de carreras
Uso: Carreras y viajes aéreos
Elementos: Alas, propulsores, cabina, alerones
Extras: Postes de salida y meta, hangar, marcadores de carrera, obstáculos

¡MIS ALAS SON RÁPIDAS COMO EL VIENTO!

Una teja curva forma un estabilizador aerodinámico

Los ladrillos-bisagra permiten que las aletas marginales suban y bajen

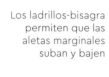

La bandera ayuda a los pilotos a ver la meta desde lejos

AVIÓN DE CARRERAS
Los extremos de las alas de este avión se han decorado con cuadros. ¿Ves que se levantan hacia arriba? Se llaman aletas marginales y mejoran la aerodinámica del ala.

Una pieza de llanta conecta la hélice al morro

POSTE DE META

CÁMBIALO

¡Recluta a tus amigos! Construid un avión cada uno, y luego intercambia una pieza de tu modelo (las alas o la cola) por la misma del modelo de un amigo. ¿Es una combinación ganadora?

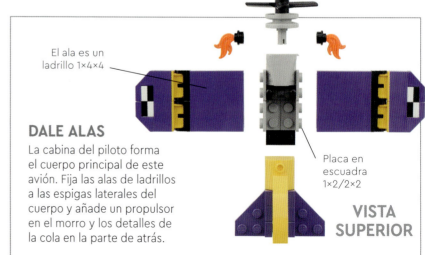

El ala es un ladrillo 1×4×4

DALE ALAS
La cabina del piloto forma el cuerpo principal de este avión. Fija las alas de ladrillos a las espigas laterales del cuerpo y añade un propulsor en el morro y los detalles de la cola en la parte de atrás.

Placa en escuadra 1×2/2×2

VISTA SUPERIOR

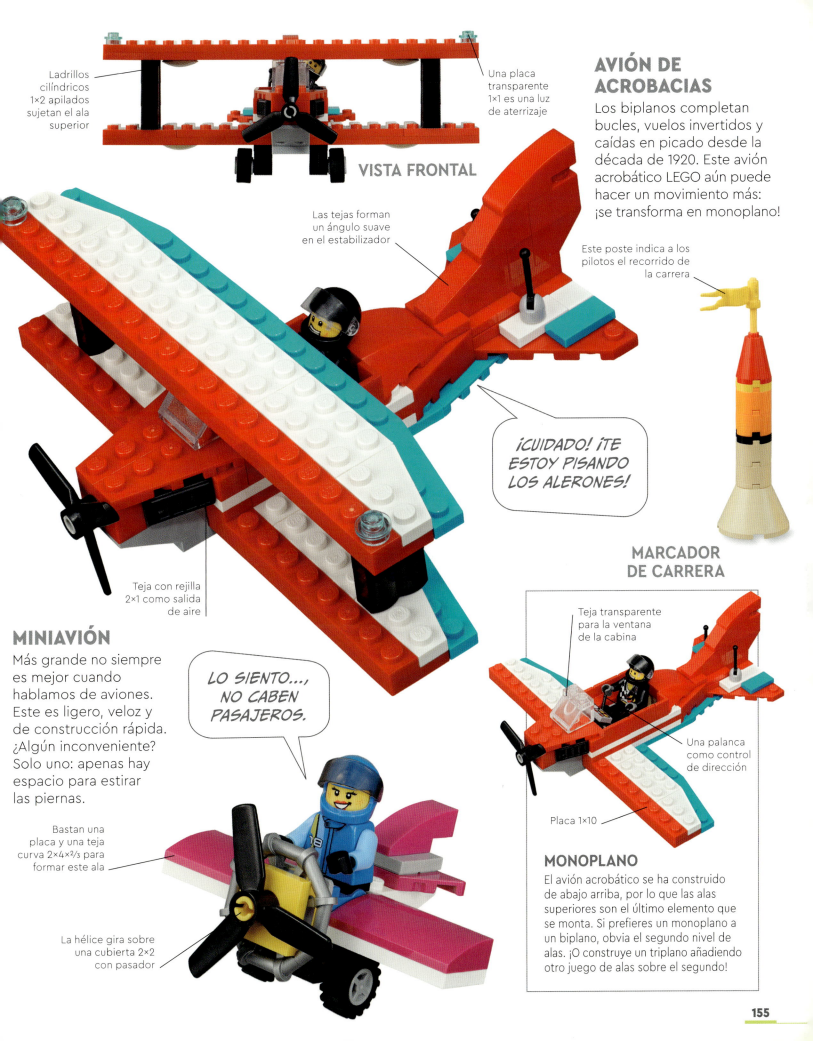

INSECTOS ADORABLES

GRANDES AVENTURAS

Estos diminutos insectos LEGO son del mismo tamaño que los de verdad y, además, quieren llegar muy lejos. ¿Qué aventuras correrán estos minibichos cuando nadie los mire? Un ciempiés bailando claqué causaría sensación, al igual que bichos de bola jugando al fútbol. Aunque también podríamos pillar una mariposa pastelera con las antenas en la masa.

PROYECTO BÁSICO

Objetivo:	Construir insectos de todas las formas y tamaños
Uso:	Crear pasatiempos para los bichos y escenas en las que jugar
Elementos:	Insectos, arácnidos, moluscos
Extras:	Caballete, armas de pirata, instrumentos musicales, hábitats

UN ESCORPIÓN ARTISTA

¡Aléjate del escorpión pintor! Te puede atacar con el aguijón (¡o con el rodillo!) si lo desconcentras. La cubierta con clip de la cola es como un aguijón, pero también es muy útil para sujetar pinceles.

- Cubierta 1×1 con clip como aguijón
- Ladrillo redondo 1×1 para el rodillo
- Las patas son piezas de garra de robot
- Una cubierta lisa será un lienzo en blanco, mientras que otra decorada sería la obra acabada

SUBE DE NIVEL

Junta todas estas escenas en un solo mundo fantástico. Puedes construir casas acogedoras, parques, y cualquier otro espacio en el que tus bichos se puedan relacionar.

CARACOLES PIRATAS

Esta tripulación de moluscos surca los siete mares vegetales en busca de tesoros que robar. La concha hecha con platos radar deja muy claro que se trata de caracoles, aunque cada uno se ha construido de distintas maneras y con piezas diferentes.

- Esta placa redonda 1×1 se conecta a la concha
- La cola es una placa dentada

CARACOLES REDONDOS

Los caracoles se construyen de dentro a fuera con ladrillos, placas y tejas pequeños que forman un cuerpo sólido. Las conchas se fijan de lado y son la última pieza.

- Un clip sujeta el arma del pirata
- El rostro es una placa con barra 1×2
- Añade un manillar como bigote
- La concha más grande es un plato radar 4×4

Dos platos radar forman el cono del altavoz

Esta cubierta con barra 1×2 sujeta la flor al tallo

Una pieza de garra como aguijón afilado

¡Y AHORA, NUESTRA LENTA PREFERIDA!

VISTA TRASERA

FLOR MUSICAL

¿Te gusta la música pop? ¿Y las ama-pop-las? Una banda de insectos ha transformado el tallo y las hojas de esta amapola en un escenario. ¡El capullo contiene un altavoz gigantesco! ¿Qué otros minimúsicos podrías añadir a la banda?

CABINA DE DJ

Esta mosca te hará zumbar con sus platos. Placas redondas con barras hacen girar cubiertas redondas 2×2 con decoración de disco. Las luces de discoteca están intercaladas entre dos placas semicirculares.

Placa semicircular 4×8

Placa redonda con barra 1×1

Usa una placa base ancha para que el modelo musical sea estable

Las patas son brazos de robot colgando

GRANDES AVENTURAS

PROYECTO BÁSICO
Objetivo: Construir un juego de lanzar objetos
Uso: Jugar con los amigos y la familia
Elementos: Cabezas de monstruo, proyectiles
Extras: Catapulta, fauces articuladas

MONSTRUOS HAMBRIENTOS

Si quieres modelos con los que te puedas divertir, ponte manos a la obra y construye algunos monstruos hambrientos. Cuando los hayas acabado, deja a tus amigos boquiabiertos jugando con ellos. Construye una catapulta para ver quién puede lanzar más comida a las fauces de los modelos o inventa tu propio reto.

¿INTENTA DISTRAERME PARA QUE FALLE?

CATAPULTA
Aquí, una cuchara de excavadora lanza cubiertas redondas 2×2 a las bocas de los monstruos, pero puedes usar cualquier contenedor LEGO abierto. Prueba con una caja o con un barril, o bien construye tu propia caja.

Pulsa aquí para lanzar las cubiertas

Arcos invertidos 1×3×2 dan estabilidad a la base

Usa cualquier pieza pequeña que tengas. ¡Los monstruos no tienen manías!

PRUEBA ESTO
Construye barcas que recojan «balas de cañón» en un juego de temática pirata o viaja a la Edad Media y construye castillos con los tejados abiertos.

Los ejes y conectores LEGO Technic forman un brazo robusto

Eje LEGO Technic con unión esférica

Pasador LEGO Technic

El pasador encaja en este ladrillo con orificio 1×2

La cuchara de la excavadora tiene en la base dos «dedos» hechos con bisagras-clic

CON LOS BRAZOS ABIERTOS
Comienza por la base de la catapulta y haz luego el brazo de lanzamiento. Encájalo en el centro de la base y únelo a esta por un extremo con pasadores LEGO Technic. Las conexiones con pasador permiten que el brazo suba y baje.

Placa con anillo como narina

Los dientes superiores son placas dentadas verticales 1×1

¿YA OS HABÉIS CEPILLADO LOS DIENTES?

Tejas piramidales como afilados dientes inferiores

Ladrillos curvos 4×4 dan forma a la mandíbula inferior

Añade conos de distintos tamaños para que hagan de cuernos

COSAS DE MONSTRUOS

Los monstruos pueden tener el aspecto que quieras. Con sus largos hocicos y mandíbulas llenas de dientes, estos parecen cocodrilos fantásticos. Todos tienen la misma mandíbula, pero cuentan con elementos diferenciadores sobre la cabeza, como cuernos, pestañas o narinas.

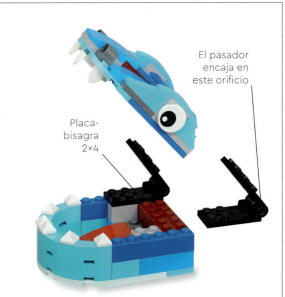

El pasador encaja en este orificio

Placa-bisagra 2×4

Las pestañas son una placa con engranajes

BOCA CERRADA

BOCA ABIERTA

La mandíbula superior de la criatura se conecta a dos placas-bisagra LEGO Technic 2×4 con orificios para pasadores, que se pueden fijar a otras dos placas-bisagra en la mandíbula inferior. La conexión permite que el monstruo abra y cierre la boca.

159

CRIATURAS MARINAS

¡Al agua! Construye amigos salados y sumérgete en esta aventura submarina. Eso sí, fíjate en dónde pones los pies, porque, si pisas el erizo de mar, esta aventura puede tener un fin doloroso. ¿Qué otras criaturas marinas LEGO podrías construir? ¿Almejas, medusas, gambas, gusanos marinos...?

GRANDES AVENTURAS

PROYECTO BÁSICO

Objetivo:	Construir animales submarinos
Uso:	Crear una escena submarina, aprender acerca de la naturaleza
Elementos:	Colas, ojos, espinas, pinzas
Extras:	Arrecife, fondo del mar, algas

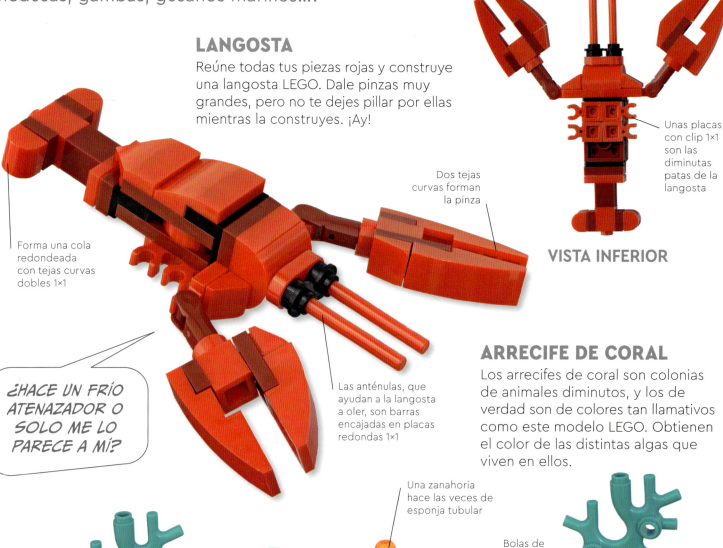

LANGOSTA
Reúne todas tus piezas rojas y construye una langosta LEGO. Dale pinzas muy grandes, pero no te dejes pillar por ellas mientras la construyes. ¡Ay!

Dos tejas curvas forman la pinza

Unas placas con clip 1×1 son las diminutas patas de la langosta

VISTA INFERIOR

Forma una cola redondeada con tejas curvas dobles 1×1

Las anténulas, que ayudan a la langosta a oler, son barras encajadas en placas redondas 1×1

¿HACE UN FRÍO ATENAZADOR O SOLO ME LO PARECE A MÍ?

ARRECIFE DE CORAL
Los arrecifes de coral son colonias de animales diminutos, y los de verdad son de colores tan llamativos como este modelo LEGO. Obtienen el color de las distintas algas que viven en ellos.

Una zanahoria hace las veces de esponja tubular

Bolas de helado

Placas amarillas como fondo del mar

PEZ ÁNGEL

Estos bellísimos peces no son tan angelicales como parecen. Si construyes una escuela para peces ángel, prepárate, porque echarán los ladrillos abajo con sus peleas. Casi todo el cuerpo del pez se ha construido de lado a partir de la aleta caudal.

- Capas de placas dibujan las delgadas rayas
- Fija los ojos sobre ladrillos con espigas laterales
- La larga aleta está formada por una teja curva invertida y una cubierta 1×4

ERIZO DE MAR

¿Qué es diminuto, se arrastra y no sabe nadar? Un erizo de mar soñoliento. Pero no lo toques. Las afiladas púas te pueden hacer mucho daño.

TENGO QUE CONFESAR QUE NO SOY UN ÁNGEL.

Aunque los erizos no tienen ojos visibles, se los puedes poner al tuyo si quieres

PULPO

El pulpo tiene un cerebro grande y una curiosidad aún mayor. Quiere saber por qué la gente llama «tentáculos» a sus brazos. ¿Será porque siempre tienta a la suerte?

- Esta placa redonda 2×2 con barra octogonal es la base perfecta para el cuerpo del pulpo

VISTA INFERIOR

UN ASUNTO ESPINOSO

Dos ladrillos con espigas laterales 2×2 puestos de lado forman el centro del cuerpo del erizo de mar. Como tiene espigas en toda la superficie, puedes añadir piezas que lo cubran por completo.

- Tallo de planta
- Placa redonda 2×2 con orificio en cruz
- Ladrillo 2×2 con espigas laterales

- Una bóveda 4×4 es la cabeza
- ¡Los tentáculos son piezas de trompa de elefante!
- Cubiertas con clips 1×1 conectan los tentáculos al cuerpo

MUNDO SUBMARINO

PROYECTO BÁSICO

Objetivo:	Construir una escena submarina
Uso:	Crear aventuras submarinas
Elementos:	Arrecife de coral, palacio de sirena, vehículo submarino
Extras:	Plantas submarinas, fondo marino, cámara

Explora el mundo submarino con este sumergible. LEGO. ¡Buenas noticias! Las plantas y el coral están creciendo, los peces están sanos y el palacio de la sirena está limpio y ordenado. Pero... ¿y si la sirena cree que ese «pez» de aspecto robótico es una amenaza? Quizá encuentre un tridente. ¡Esperemos que el sumergible pueda dar marcha atrás!

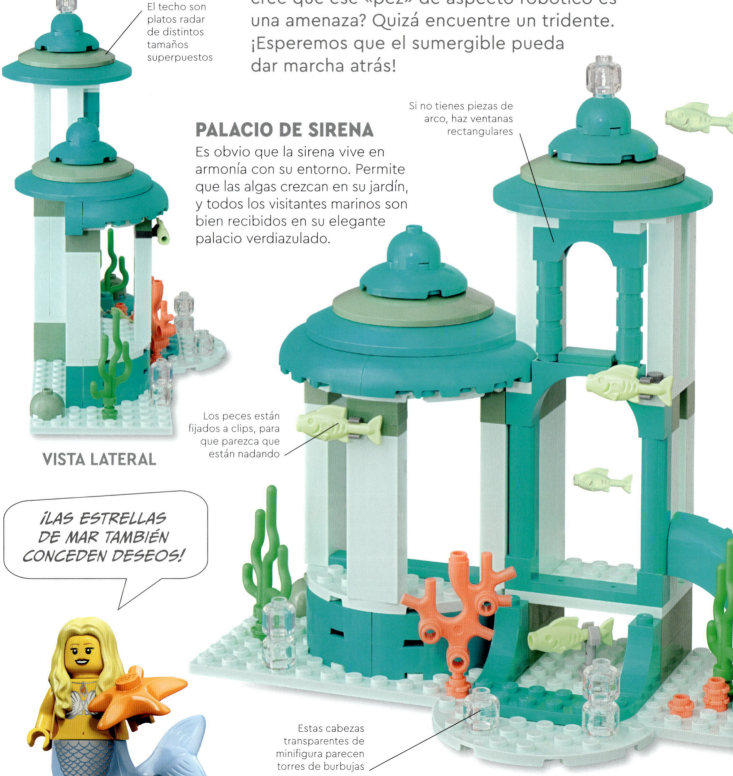

El techo son platos radar de distintos tamaños superpuestos

VISTA LATERAL

PALACIO DE SIRENA

Es obvio que la sirena vive en armonía con su entorno. Permite que las algas crezcan en su jardín, y todos los visitantes marinos son bien recibidos en su elegante palacio verdiazulado.

Si no tienes piezas de arco, haz ventanas rectangulares

Los peces están fijados a clips, para que parezca que están nadando

¡LAS ESTRELLAS DE MAR TAMBIÉN CONCEDEN DESEOS!

Estas cabezas transparentes de minifigura parecen torres de burbujas

GRANDES AVENTURAS

SUMERGIBLE ABISAL

Los sumergibles permiten explorar las zonas más profundas del océano. Construye el tuyo con un gran parabrisas que ofrezca vistas magníficas y con brazos móviles para recoger muestras. También le podrías añadir una cámara.

¡ACABO DE VER A LA SIRENA! ¡LE TENGO QUE HACER UNA FOTO!

Uniones esféricas con conector dotan de movilidad a los brazos

Explora el fondo oceánico con estos clips que hacen de pinzas

El parabrisas es una bóveda 6×3×3

Plato radar para aterrizar con suavidad sobre el fondo marino

¿Es posible que este túnel lleve a un jardín submarino secreto?

SUBE DE NIVEL

¡La sirena no vive sola en el fondo del mar! Construye un barrio para todos los sirénidos. Necesitarán casas y lugares donde reunirse, como tiendas y restaurantes.

ASIENTO DE PROFUNDIDAD

Asegúrate de que las paredes superen los tres ladrillos de altura (la estatura de una minifigura sentada). Construye el techo con ladrillos curvos, y comprueba que el piloto disponga de suficiente espacio sobre la cabeza.

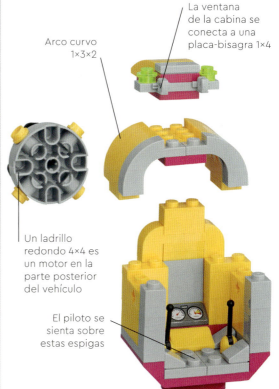

La ventana de la cabina se conecta a una placa-bisagra 1×4

Arco curvo 1×3×2

Un ladrillo redondo 4×4 es un motor en la parte posterior del vehículo

El piloto se sienta sobre estas espigas

GRANDES AVENTURAS

PROYECTO BÁSICO

Objetivo: Construir un jardín encantado
Uso: Lugar sereno para hadas y elfos
Elementos: Árboles, estanque, plantas
Extras: Fuente, paredes, arco

Piezas joya como frutos mágicos

En un jardín encantado, las hojas pueden ser de color rosa

¡LAS MALAS HIERBAS DESAPARECEN POR ARTE DE MAGIA!

Añade un grifo y una pileta... ¡Las hadas también se tienen que lavar las manos!

Medios arcos y tejas curvas se convierten en ramas fuertes

Aletas de minifigura apiladas hacen las veces de hojas

Placas azules transparentes como estanque tranquilo

JARDÍN ENCANTADO

¿Crees en la magia? Construye un jardín encantado para que lo visiten las hadas y los elfos. Llama su atención con mucho color, joyas centelleantes y piezas brillantes. Incluye plantas y flores acogedoras o una fuente refrescante. Cuando lo termines, deja el modelo fuera para ver si recibes algún diminuto visitante mágico...

GRANDES AVENTURAS

PROYECTO BÁSICO

Objetivo: Construir vehículos *steampunk*
Uso: Aventuras fantásticas
Elementos: Tuberías, ruedas, válvulas, máquinas a vapor
Extras: Propulsores, banderas, cuernos

VEHÍCULOS STEAMPUNK

Imagina un mundo en el que se siguiera usando la tecnología del pasado, un mundo traqueteante y sibilante de máquinas a vapor. Ese es el fantástico mundo del *steampunk*. Da a tus vehículos un aspecto retrofuturista con válvulas, junturas y tuberías para que pase el vapor. Después, ponte las gafas. ¡Arrancamos!

Ladrillo 1×2 con espigas laterales

Placa 2×2 con pasadores

Teja curva 2×2

LATERALES A VAPOR

La base es una larga placa 2×8, debajo de la cual se han montado placas con pasadores a los que se fijarán las grandes ruedas. Sobre la placa hay ladrillos con espigas laterales, que sostienen los paneles laterales lisos del vehículo.

COCHE DE VAPOR

Las grandes ruedas de este automóvil recuerdan las de un carro tirado por caballos. La caldera que lo impulsa está en la parte trasera, y también hay un tubo de escape que da salida al vapor.

Un cono boca abajo remata el tubo de escape

VISTA FRONTAL

La caldera es una pieza de barril con una placa conectora redonda encima

Tejas curvas para dar forma al capó

Cubiertas redondas 1×1 como faros encendidos

Rueda de carro para una imagen retro

Las barras parecen bielas de acoplamiento, que transferirían la energía a las ruedas

AVIÓN DIMINUTO

Este piloto con gafas de ídem está preparado para volar en este miniavión retrofuturista. ¡Esperemos que el motor también lo esté, porque menudo bajón si se queda sin vapor!

SUBE DE NIVEL

Una vez tengas por la mano los vehículos retrofuturistas, prueba con otros tipos de transporte e incluso de lugares. ¡Construye una ciudad de estilo *steampunk*!

LOGRO DE LA INGENIERÍA

Estos viajeros viajan a bordo de un barco que se dirige a la playa caminando sobre largas patas articuladas que se conectan a la parte inferior con pasadores LEGO Technic. ¿Es eso el embarcadero? ¡Agáchate!

GRANDES AVENTURAS

PROYECTO BÁSICO

Objetivo:	Crear tu propia aventura inspirada en leyendas
Uso:	Narrar historias poco habituales
Elementos:	Héroe, animales, medios de transporte
Extras:	Fruta mágica, cima de montaña

LADRILLOS DE LEYENDA

Ilustra tu historia preferida con piezas LEGO® o, aún mejor, invéntate una. Empieza por crear el héroe. Esta heroína es mitad humana, mitad manzana; cuando pierde interés en su profesión como piloto de tortugas de carreras, se va a vivir a las montañas. ¿Por qué no siembras la semilla de una idea y ves a dónde te lleva?

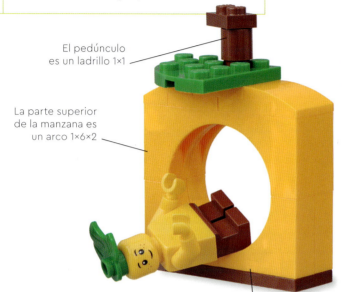

El pedúnculo es un ladrillo 1×1

La parte superior de la manzana es un arco 1×6×2

Los arcos inferiores están invertidos

HA NACIDO UNA MANZANA

¿Quién sale de esa manzana? ¡Nuestra heroína, Rosy Manzana! Ha crecido en su interior y se ha alimentado exclusivamente de su zumo. La manzana se ha hecho con arcos cuyas curvas forman la abertura.

CREO QUE MI TORTUGA NO TIENE HAMBRE.

¡NOS VEMOS EN LA META!

La bóveda sujeta un par de plátanos

Usa una barra larga de la que colgar tentadores alimentos para las tortugas

Ladrillos-teja para el lateral del caparazón

Conector-bisagra fijado a una placa con bisagra-clic

TORTUGA A LA CARRERA

En el mundo de Rosy Manzana, las carreras de tortugas son toda una tradición, y los jinetes motivan a las tortugas con fruta. Las sillas y los colores indican a quién pertenece cada una.

VISTA INFERIOR

Las tortugas se construyen sobre una placa redonda 4×4

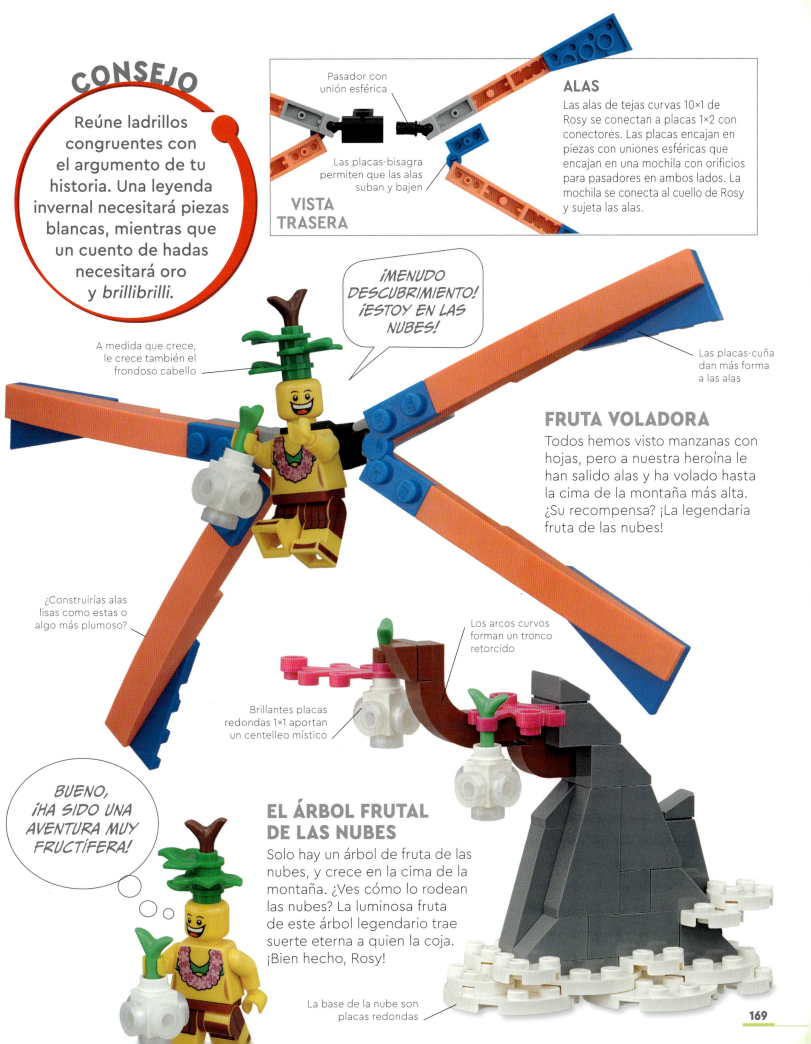

CONSEJO

Reúne ladrillos congruentes con el argumento de tu historia. Una leyenda invernal necesitará piezas blancas, mientras que un cuento de hadas necesitará oro y *brillibrilli*.

ALAS

Las alas de tejas curvas 10×1 de Rosy se conectan a placas 1×2 con conectores. Las placas encajan en piezas con uniones esféricas que encajan en una mochila con orificios para pasadores en ambos lados. La mochila se conecta al cuello de Rosy y sujeta las alas.

VISTA TRASERA

Pasador con unión esférica

Las placas-bisagra permiten que las alas suban y bajen

Las placas-cuña dan más forma a las alas

A medida que crece, le crece también el frondoso cabello

¡MENUDO DESCUBRIMIENTO! ¡ESTOY EN LAS NUBES!

FRUTA VOLADORA

Todos hemos visto manzanas con hojas, pero a nuestra heroína le han salido alas y ha volado hasta la cima de la montaña más alta. ¿Su recompensa? ¡La legendaria fruta de las nubes!

¿Construirías alas lisas como estas o algo más plumoso?

Los arcos curvos forman un tronco retorcido

Brillantes placas redondas 1×1 aportan un centelleo místico

BUENO, ¡HA SIDO UNA AVENTURA MUY FRUCTÍFERA!

EL ÁRBOL FRUTAL DE LAS NUBES

Solo hay un árbol de fruta de las nubes, y crece en la cima de la montaña. ¿Ves cómo lo rodean las nubes? La luminosa fruta de este árbol legendario trae suerte eterna a quien la coja. ¡Bien hecho, Rosy!

La base de la nube son placas redondas

GRANDES AVENTURAS

PROYECTO BÁSICO

Objetivo:	Construir un dragón majestuoso
Uso:	Aventuras mágicas
Elementos:	Alas grandes, cuernos, cola, dientes
Extras:	Jinete y montura, extremidades articuladas, piezas centelleantes

CONSEJO

Las placas y las cubiertas pequeñas recrean la piel escamosa. Detalles como este hacen que el modelo parezca realista por mítica que sea la criatura en cuestión.

Un amigo puede construir el cuerpo mientras tú te centras en la cabeza

VISTA LATERAL

Las tejas curvas dan forma lisa a la cabeza

Los afilados dientes son cuernos fluorescentes

Las alas suben y bajan gracias a conectores y uniones esféricas

Placas 1×1 con dientes verticales como garras de dragón

DRAGÓN

¿Qué tierras mágicas visitarías si pudieras viajar a lomos de un dragón? Un dragón lanzallamas te vendría de perlas para enfrentarte a guerreros de hielo. ¿Has de cruzar un lago ardiente? Mejor un dragón que escupe hielo. Causa sensación a lomos de un dragón rosa en un reino donde todo es azul. Recuerda que, cuanto más alocada sea tu historia, más alocado podrá ser tu dragón.

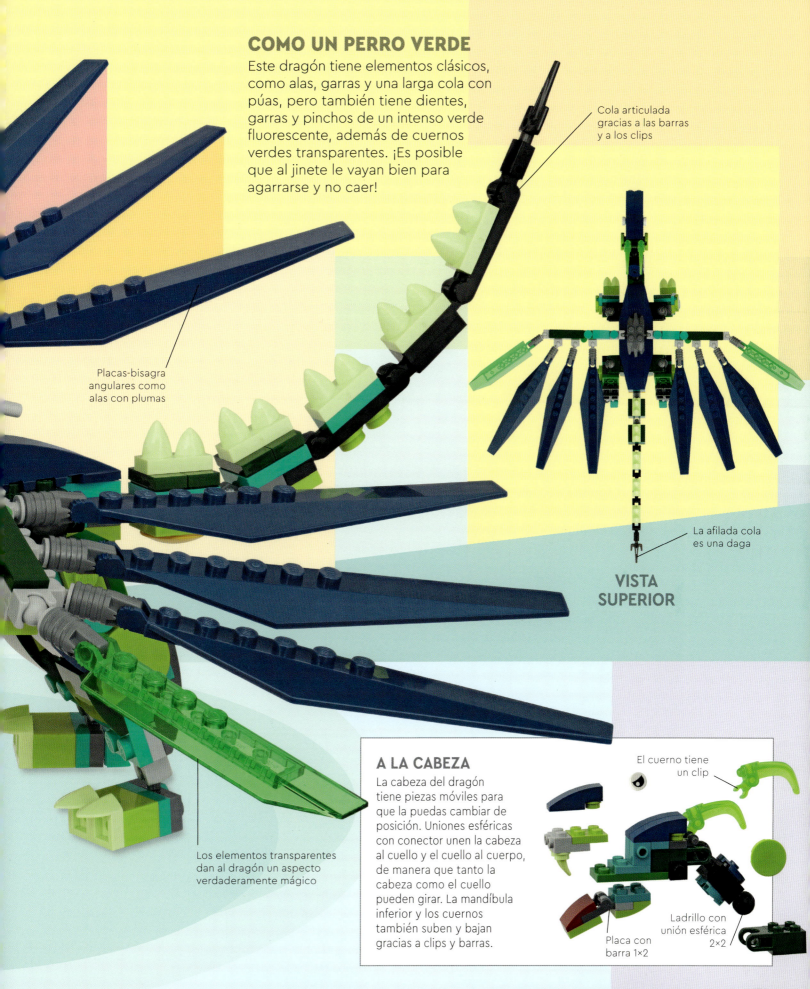

COMO UN PERRO VERDE

Este dragón tiene elementos clásicos, como alas, garras y una larga cola con púas, pero también tiene dientes, garras y pinchos de un intenso verde fluorescente, además de cuernos verdes transparentes. ¡Es posible que al jinete le vayan bien para agarrarse y no caer!

Cola articulada gracias a las barras y a los clips

Placas-bisagra angulares como alas con plumas

La afilada cola es una daga

VISTA SUPERIOR

Los elementos transparentes dan al dragón un aspecto verdaderamente mágico

A LA CABEZA

La cabeza del dragón tiene piezas móviles para que la puedas cambiar de posición. Uniones esféricas con conector unen la cabeza al cuello y el cuello al cuerpo, de manera que tanto la cabeza como el cuello pueden girar. La mandíbula inferior y los cuernos también suben y bajan gracias a clips y barras.

El cuerno tiene un clip

Placa con barra 1×2

Ladrillo con unión esférica 2×2

GRANDES AVENTURAS

UNA ENTRADA A OTRO MUNDO

¿Qué hay al otro lado de la puerta? ¿Un rellano? ¿Un pasillo? No, hay un mundo mágico y de fantasía. Cada día, la minifigura cruza la puerta y sale a navegar con sus amigos fantásticos. A veces, Teddy la acompaña. Construye una puerta a un mundo mágico donde tus minifiguras puedan correr mil aventuras.

PROYECTO BÁSICO	
Objetivo:	Construir una puerta que lleve a lugares inesperados
Uso:	Aventuras mágicas
Elementos:	Habitación, puerta, mundo mágico
Extras:	Muebles, amigos mágicos

MUNDOS EN CONTRASTE
Primero, construye un dormitorio normal. ¡No incluyas nada demasiado emocionante ni raro! Los tonos beis, marrones y neutros de esta estancia contrastan con los vivos colores del mundo mágico que aguardan al otro lado de la puerta.

CAJÓN SUPERIOR
La cajonera tiene un cuerpo principal de ladrillos 1×2 y ladrillos con faro 1×1. Los tiradores son placas conectoras colocadas de lado en el frontal. Arriba hay una placa conectora 2×2 para que Teddy se pueda tener en pie.

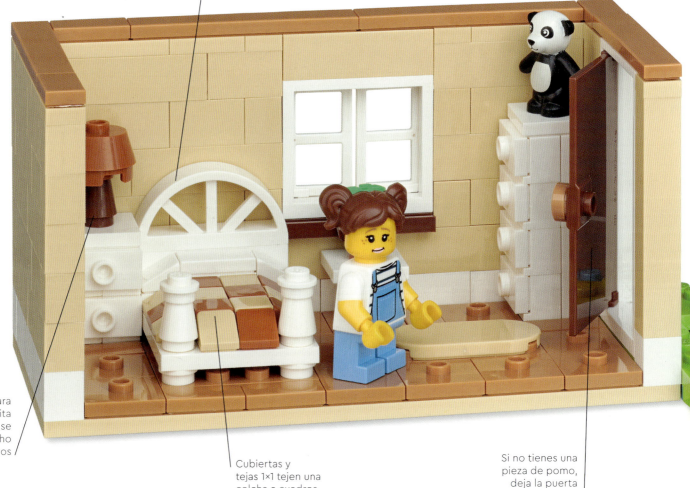

Ladrillo con faro 1×1

El tradicional cabecero de la cama es en realidad una ventana semicircular con radios

La lámpara de la mesita de noche se ha hecho con conos

Cubiertas y tejas 1×1 tejen una colcha a cuadros

Si no tienes una pieza de pomo, deja la puerta abierta

172

Placas en escuadra 1×1/1×1 invertidas

Placas dentadas 1×1 como orejitas adorables

AMIGO BURBUJEANTE

Este bichito se ha hecho con placas redondas y bóvedas. Las cubiertas decoradas con ojos se conectan a la cabeza con placas en escuadra 1×1/1×1 invertidas.

CÁMBIALO

Cada vez que tu minifigura vuelva a casa y cierre la puerta tras de sí, desmonta tu «nuevo mundo» y crea otra tierra que pueda visitar la próxima vez.

Aquí, los árboles son morados en lugar de verdes

VISTA LATERAL

La hélice ayuda a esta criatura a desplazarse

Incluye árboles jóvenes que indiquen que este mundo está floreciendo

Tronco a rayas con ladrillos redondos 2×2

El barco-barril flota sobre la burbujeante agua azul

Este carrusel gira sobre una placa giratoria

GRANDES AVENTURAS

HÁBITAT SELVÁTICO

Las selvas son vitales para el planeta y albergan a más de la mitad de las especies animales y vegetales. Imagina pasear por una selva oscura y húmeda. ¿Qué será ese sonido susurrante? ¿Quién te mira entre las hojas? Prepara una aventura tropical construyendo una selva LEGO.

PROYECTO BÁSICO

Objetivo: Construir una selva tropical
Uso: Explorar la naturaleza
Elementos: Plantas tropicales, árboles, cascada
Extras: Criaturas selváticas, rocas, setas, flores

PRUEBA ESTO

Otros bosques, como los templados húmedos, albergan plantas y animales distintos. Investiga y construye otro tipo de bosque o de selva.

Los troncos de los árboles son ladrillos redondos 2×2 con textura

El oscuro suelo de la selva está repleto de vida vegetal, como setas y flores multicolores

En la vida real, estas superficies tienen pequeños baches y colinas

GANCHOS OCULTOS

La capa inferior de las hojas de este árbol tropical encaja en una placa redonda con ganchos incrustada en el tronco. Desliza más hojas en una barra que pueda pasar por el centro del ladrillo redondo superior.

Barra

Placa redonda 2×2 con ganchos

La liana se conecta a un pasador en un ladrillo con orificio

SELVA POR NIVELES

Necesitarás cuatro niveles: la capa emergente superior está formada por árboles muy altos. Debajo tienes el dosel arbóreo, una densa capa de árboles que bloquea la luz del sol. Por debajo aún está el sotobosque. Y, por último, el suelo.

ME PREGUNTO QUÉ ESTARÁS PENSANDO.

QUIERO UNOS BINOCULARES.

Consigue un aspecto tropical añadiendo piezas de plantas entre las capas de roca

Esta teja 2×1 verde sugiere una roca cubierta de musgo

¿DÓNDE SE HABRÁ METIDO EL MONO?

Las placas redondas 1×1 son remolinos de agua

CORTINA DE AGUA

La cascada es una sola pieza. Si no la tienes, construye una forma como esta con las piezas azules que tengas. Las tejas curvas también son convincentes como cascada. ¡Esconde un tesoro detrás, para que lo encuentren los exploradores!

Panel 3×4×6 con la parte superior curva

CASCADA EXUBERANTE

Esta cascada burbujeante está rodeada de vegetación tropical. Si quieres, construye una cascada más alta con dos o incluso tres niveles. ¿Y si incluyes algún animal o minifiguras nadadoras?

Las placas redondas 2×2 parecen rocas desgastadas

VISTA LATERAL

175

PROYECTO BÁSICO

Objetivo: Construir flora y fauna selvática
Uso: Observar animales y plantas, aventuras en la selva
Elementos: Patas, colas, picos, ojos, tallos
Extras: Partes del cuerpo móviles

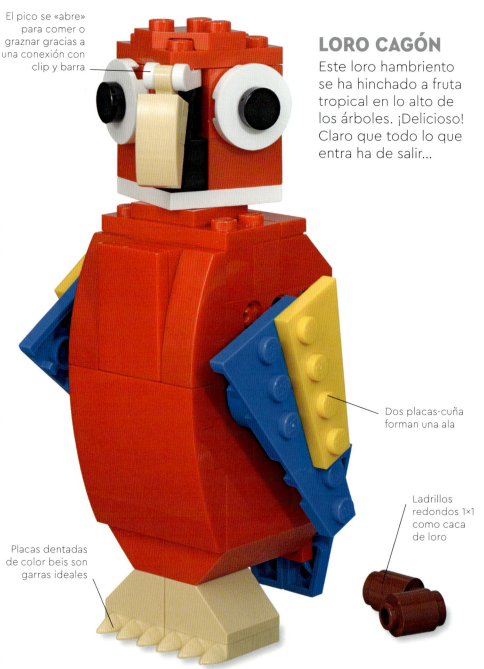

El pico se «abre» para comer o graznar gracias a una conexión con clip y barra

LORO CAGÓN

Este loro hambriento se ha hinchado a fruta tropical en lo alto de los árboles. ¡Delicioso! Claro que todo lo que entra ha de salir...

Dos placas-cuña forman un ala

Ladrillos redondos 1×1 como caca de loro

Placas dentadas de color beis son garras ideales

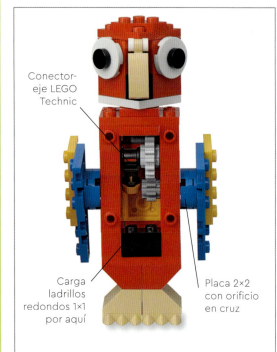

Conector-eje LEGO Technic

Carga ladrillos redondos 1×1 por aquí

Placa 2×2 con orificio en cruz

ALETEO SORPRESA

El ala izquierda de este loro encaja en dos placas 2×2 por cuyo orificio pasa un eje. Al tirar del ala hacia delante se mueve el eje, que hace girar dos engranajes en el interior del cuerpo. El engranaje empuja hacia atrás un conector-eje LEGO Technic que golpea una pluma caudal-trampilla y deja caer una caca de loro por detrás.

HABITANTES DE LA SELVA

Construye animales y plantas que habiten en la selva y emprende tu propia expedición. ¿Se unirán tus animales y lanzarán una campaña para salvar su hábitat? ¿Y si con las frutas más jugosas construyeras un insecto diminuto y una bandada de loros y una turba de monos lucharan por zampárselo? Si prefieres escenas de la vida real, estudia las criaturas de la selva e intenta construir modelos realistas.

Los pasadores y los conectores permiten que la cola suba y baje

VISTA TRASERA EN ACCIÓN

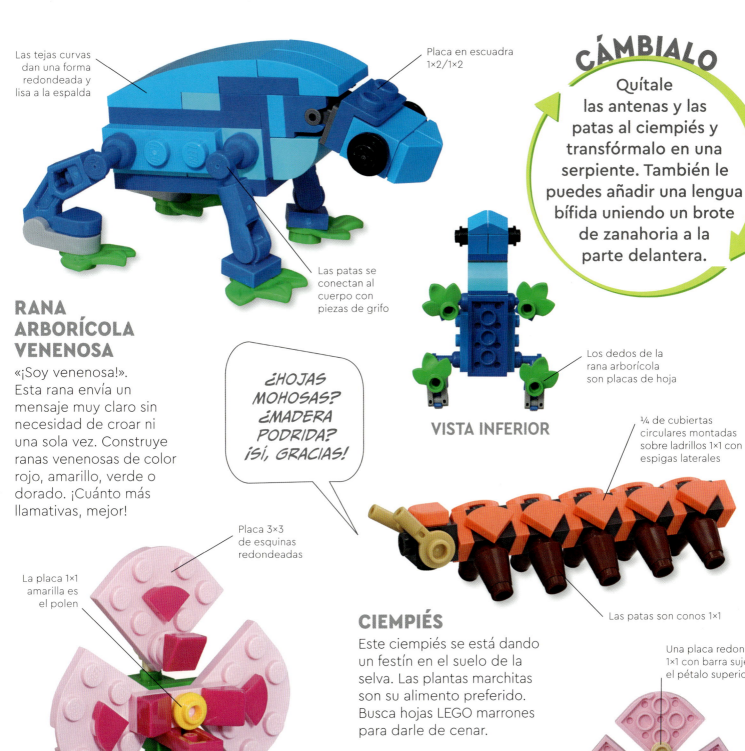

Las tejas curvas dan una forma redondeada y lisa a la espalda

Placa en escuadra 1×2/1×2

CÁMBIALO

Quítale las antenas y las patas al ciempiés y transfórmalo en una serpiente. También le puedes añadir una lengua bífida uniendo un brote de zanahoria a la parte delantera.

Las patas se conectan al cuerpo con piezas de grifo

RANA ARBORÍCOLA VENENOSA

«¡Soy venenosa!». Esta rana envía un mensaje muy claro sin necesidad de croar ni una sola vez. Construye ranas venenosas de color rojo, amarillo, verde o dorado. ¡Cuánto más llamativas, mejor!

¿HOJAS MOHOSAS? ¿MADERA PODRIDA? ¡SÍ, GRACIAS!

VISTA INFERIOR

Los dedos de la rana arborícola son placas de hoja

¼ de cubiertas circulares montadas sobre ladrillos 1×1 con espigas laterales

Placa 3×3 de esquinas redondeadas

La placa 1×1 amarilla es el polen

CIEMPIÉS

Este ciempiés se está dando un festín en el suelo de la selva. Las plantas marchitas son su alimento preferido. Busca hojas LEGO marrones para darle de cenar.

Las patas son conos 1×1

Una placa redonda 1×1 con barra sujeta el pétalo superior

Las lianas son hojas convincentes

ORQUÍDEA

Las flores de esta apreciada planta tienen tres pétalos hechos con placas de esquinas redondeadas. La placa marrón puede ser una rama de árbol o suelo de la selva, ya que las orquídeas crecen en varias superficies.

VISTA TRASERA

177

LAS ESTACIONES

PROYECTO BÁSICO

Objetivo: Añadir diferencias estacionales a una misma escena
Uso: Explorar la naturaleza, decoración
Elementos: Plantas, valla, casa en el árbol
Extras: Material deportivo, nieve, adornos, animales

Un jardín. Cuatro estaciones. ¡Cuántos cambios! Seguir las estaciones del año puede ser una gran aventura. Prueba a cambiar los detalles de una de tus construcciones preferidas y obtén versiones distintas para cada estación. Macetas floridas, piscinas, hojas caídas, bolas de nieve…, todo cuenta una historia.

Tejas pequeñas como tejado de la casa del árbol

Las hojas más pálidas son los brotes nuevos

Este ladrillo 1×2 con orificio (y con tejas 1×1 encima) es una acogedora casita para pájaros

PRIMAVERA

El jardín cobra vida en primavera. Florecen los narcisos y nacen los conejitos. Seguro que una familia de pajarillos acaba de romper el cascarón en la casa para pájaros que hay debajo de la casa del árbol.

Cambia las piezas de color verde claro por otras de un verde más oscuro

VERANO

Es hora de organizar un picnic estival. ¡Hace demasiado calor para jugar al tenis! Las hojas del árbol son más oscuras y dan sombra. Mira bajo la casa del árbol. ¡Cómo ha crecido el pajarito!

El mantel se ha hecho con cubiertas 1×1

VISTA LATERAL

Las placas de un verde más oscuro son un mullido césped estival

Los clips permiten levantar el final de la escalera

SUBE DE NIVEL

Elige una estación y construye la casa del árbol como sería en años, décadas o incluso siglos distintos. ¿Cómo cambiarían el diseño y la decoración?

OTOÑO

En otoño todo se vuelve de color dorado y marrón. Aparecen arañas y setas, y las hojas empiezan a caer. Recogerlas hará sudar a tus minifiguras, pero la diversión de Halloween está a la vuelta de la esquina. ¿Puedes encontrar la calabaza?

- Las dos partes del tejado se apoyan mutuamente
- La seta se ha hecho con un plato radar 2×2 sobre un ladrillo 1×1 redondo
- Piezas de hoja naranjas, amarillas y marrones dotan al árbol de tonalidades otoñales
- La base marrón clara evoca un manto de hojas

INVIERNO

En invierno, el árbol queda desnudo; hay nieve por todas partes, y de la casa cuelgan témpanos. No dejes que las minifiguras dejen solo al muñeco de nieve: ¡se divertirán mucho más con una guerra de bolas de nieve!

¡ESTE JARDÍN ES DIVERTIDO EN TODAS LAS ESTACIONES!

- La bola de nieve es una placa redonda 1×1
- El cuerpo del muñeco de nieve es un ladrillo 1×1 con espigas laterales
- Añade algunas tejas blancas que evoquen la nieve
- Cuernos de unicornio como afilados témpanos de hielo

A DOS AGUAS

La casa necesita un tejado resistente sea cual sea la estación. Construye un clásico tejado a dos aguas con ladrillos-bisagra 1×2 y placas-bisagra 1×2 que mantengan la inclinación.

- Ladrillo-bisagra 2×2
- Hilera de ladrillos cilíndricos

VISTA TRASERA

CASA DE LA BRUJA

Esta estrafalaria cabaña está tan escondida en el bosque que tiene raíces de árboles sobre las paredes. ¿Qué otros hogares podrías construir para personajes imaginarios? Un vampiro preferirá una casa sin ventanas, mientras que un hombre lobo vivirá encantado sobre una carnicería. ¿Por qué no le construyes una casa a Rapunzel, para que se mude de la torre?

PROYECTO BÁSICO

Objetivo:	Construir una casa encantada
Uso:	Un hogar de un cuento de hadas
Elementos:	Puerta, ventanas, tejado, detalles mágicos
Extras:	Lianas, jardín, trampilla

Cuatro tejas esquineras redondas 6×6 forman el borde

UNA CASITA ACOGEDORA

Esta casa parece muy acogedora, con su tejado de sombrero y sus ventanas de celosía. Pero, ¡cuidado! Los peldaños son irregulares, están cubiertos de moho y resbalan. ¿Y por qué hay huesos junto al sendero?

CÁMBIALO

Construye la base y añade detalles distintos según quién viva en la casa. Puede que un elfo prefiera un tejado más llamativo, y quizá un hada quiera algo de brillo.

Los paneles de ventanas de celosía evocan un entorno de cuento de hadas

Cambia el color de las hojas con las estaciones

Piezas doradas y plateadas dan un toque mágico

VISTA FRONTAL

GRANDES AVENTURAS

AUTOBÚS ARCOÍRIS

Este llamativo autobús escolar va de camino al arcoíris. Seguro que allí hay una escuela LEGO donde los alumnos aprenden a construir modelos cada vez mejores. Si quieres, haz un autobús más largo que este, con más colores, más asientos y más material dentro.

PROYECTO BÁSICO	
Objetivo:	Construir un vehículo único
Uso:	Excursiones por carretera, ir y venir de la escuela
Elementos:	Ruedas, asientos, volante, espejos, puerta, ventanas
Extras:	Literas, cocina, techo descapotable

VIAJES FELICES

Por peculiar que sea, el autobús necesita todos los elementos habituales para que viajar en él sea seguro y cómodo. Este tiene retrovisores móviles, ventanas, ruedas grandes y una señal de aviso a los automóviles para cuando el autobús está parado.

Ladrillos 1×1×3 para los marcos de las ventanas

Para construir este autobús no necesitas tener muchas piezas de un mismo color

Los ladrillos con arcos de rueda dan a los neumáticos espacio suficiente para que el autobús pueda rodar de verdad

Una cubierta 2×2 hace las veces de señal de parada para avisar a los automóviles de que han de esperar

VISTA TRASERA

VISTA LATERAL

¡VACACIONES!

¿Necesitas desconectar? El autobús también puede ser una autocaravana. Añade camas, un fregadero y material de cocina. Y haz que el techo sea descapotable, para que entre la luz del sol.

La parte superior del autobús está rematada con cubiertas, para que puedas quitar el techo con facilidad

El diminuto fregadero es un panel de esquina 1×1×1

Cubiertas 1×2 para las mantas de las literas

CONSEJO

La mayoría de los vehículos LEGO se construyen de abajo arriba, empezando por el chasis. Las ruedas son siempre lo último, para que el vehículo no salga rodando antes de tiempo.

Placa deslizante 2×2 como faro

La puerta transparente se abre hacia fuera

ESTE AUTOBÚS ESTÁ INSPIRADO EN UNA IDEA DE EMMETT L., UN FAN DE LEGO.

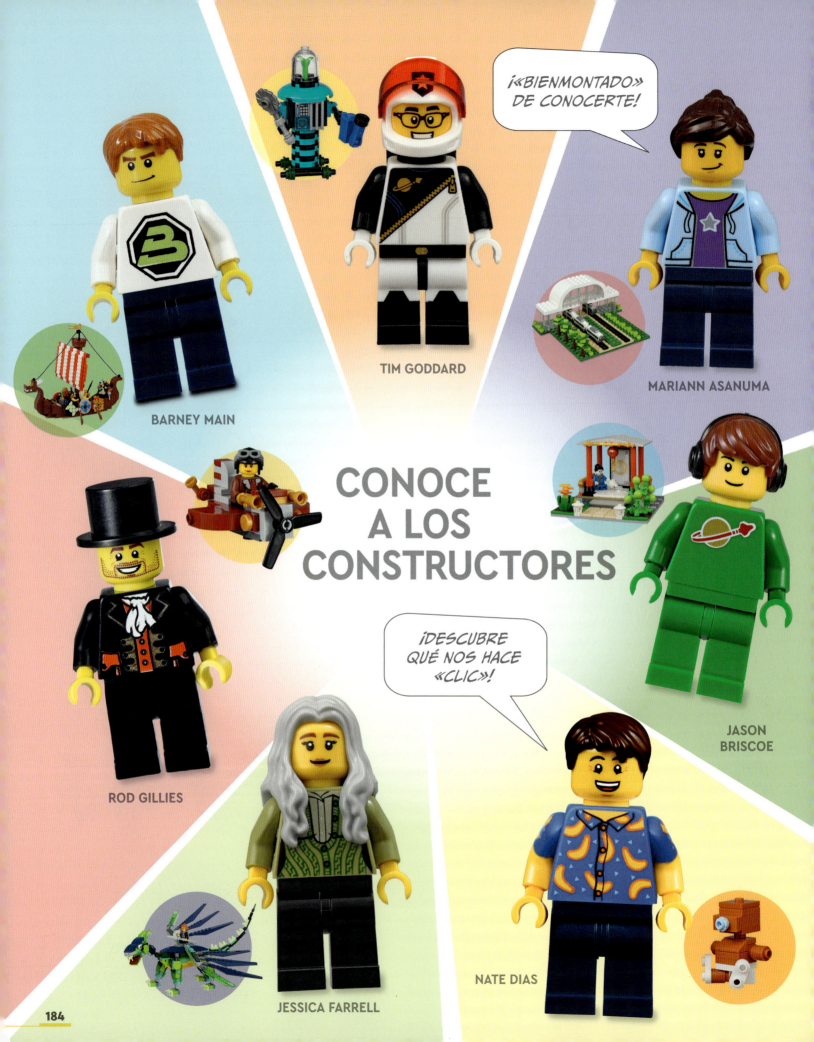

MARIANN ASANUMA

FICHA

Ubicación: Salt Lake City (EE UU)
Trabajo principal: Artista LEGO
Especialidad LEGO: Mosaicos y modelos arquitectónicos

¿Cuál es tu pieza LEGO® preferida?

La teja 1×1 que parece una cuña de queso, sin duda. Es muy versátil y útil para muchas cosas. Puede ser la curva de un automóvil, el detalle de un mosaico o una parte de una microconstrucción.

¿Qué es lo más complejo que has construido jamás?

Es una pregunta muy difícil de responder, porque trabajé en LEGOLAND® California durante cinco años y participé en muchos modelos. Probablemente, lo más complejo que he construido es una catedral de 1,5 m y compuesta por 50 000 piezas LEGO.

¿Dónde encuentras la inspiración para tus construcciones LEGO?

En todas partes: en películas, libros, sueños... Mi consejo es que busques inspiración en el mundo que te rodea. Hay diseños ingeniosos y detalles interesantes incluso en los objetos más pequeños. Solo hay que mirar para encontrarlos.

¿Cómo planificas las construcciones?

Depende de lo que vaya a construir. Si es algo real, investigo y busco imágenes *online* del animal, de la persona o del edificio en cuestión desde tantos ángulos como me sea posible. Si construyo algo sacado de mi imaginación, a veces esbozo la idea en papel.

¿Qué consejo de construcción LEGO darías?

¡Practicar, practicar y practicar! Si quieres ser un artista LEGO como yo, la mejor manera de conseguirlo es construir tantas cosas como puedas para aprender muchas técnicas distintas.

Ramo de flores de Mariann, con un jarrón construido con piezas transparentes.

LA FIAMBRERA *BENTO* DE MARIANN
(PÁGINAS 118-119)

FICHA

Ubicación:
Norfolk (Reino Unido)
Trabajo principal:
Ingeniero eléctrico
Especialidad LEGO:
Construcciones espaciales y distópicas

JASON BRISCOE

¿Qué es lo que más te gusta de construir con piezas LEGO?

Me gusta explorar maneras nuevas de usar las piezas y de conectarlas a otros elementos. Cuando termino un modelo, siempre tengo la sensación de haber logrado algo importante. Construir algo único en el mundo me hace sentir muy bien.

¿Qué consejo de construcción LEGO darías?

Mucha gente me dice: «Yo nunca podría construir algo así». Pero no es cierto. Mi consejo es que experimenten, que jueguen con las piezas y que creen. También hay que fijarse en los modelos de los demás, qué piezas tienen y cómo las usan. Se puede aprender mucho estudiando construcciones ajenas.

¿Cómo planificas las construcciones?

Soy un constructor de «estilo libre». Normalmente, tengo una idea vaga de lo que quiero crear, pero nunca sé cómo lo voy a hacer. Voy probando distintas ideas y técnicas a medida que construyo, y el proceso genera más ideas por sí mismo.

Este parque de bomberos de Jason está a una escala poco habitual. Los bomberos son ligeramente más grandes que los de Miniland en los LEGOLAND® Parks, al igual que el camión de bomberos.

¿Cuál es tu técnica de construcción preferida?

Uso muchos ladrillos y tejas puestos de lado para crear superficies lisas. Hay personas que prefieren que las espigas LEGO queden a la vista, pero a mí me gusta que no sea obvio que construyo mis modelos con piezas LEGO.

Si pudieras diseñar un set nuevo para LEGO Group, ¿qué sería?

Me encanta construir naves espaciales, pero ya hay muchos sets e ideas de fans relacionadas con el espacio... ¡Creo que un tranvía o un vapor de ruedas a gran escala serían geniales!

LA MÁQUINA DEL TIEMPO DE JASON
(PÁGINA 94)

NATE DIAS

¿Qué es lo más complejo que has construido jamás?

Para la final de la serie de televisión «LEGO® Masters», construí un hombre a tamaño real, el contenido de su despacho y su niño interior (abajo, dcha.). Construí la escena junto a mi compañero en el programa, mi amigo Steve. Fue un reto colosal, porque la escena era enorme y teníamos una limitación de tiempo muy estricta.

¿Cuál es tu pieza LEGO preferida?

Aunque suene aburrido, mi pieza preferida es la placa 1×2. Es el elemento más pequeño sobre el que se puede construir algo con profundidad, y un puñado de ellas te permiten construir cualquier ladrillo «2×».

¿Cómo planificas las construcciones?

Abordo distintos proyectos de distintas maneras. A veces, esbozo una construcción sobre el papel, y otras veces la diseño por ordenador. Con frecuencia, me limito a sentarme con un montón de piezas LEGO y a esperar a ver qué se me ocurre.

¿Qué es lo que más te gusta de construir con piezas LEGO?

Me encanta que con un puñado de piezas de plástico se pueda construir cualquier cosa que exista sobre la faz de la Tierra (o dentro de nuestra cabeza). Si lo puedes imaginar, lo puedes construir.

¿Qué estás construyendo ahora?

Varias mascotas LEGO a tamaño (casi) natural. Se basan en piezas de animales a escala de minifigura, pero son mucho más grandes. Espero exponerlas juntas en algún espectáculo LEGO como una especie de refugio animal.

FICHA

Ubicación: Nottingham (Reino Unido)
Trabajo principal: Profesor de ciencias
Especialidad LEGO: Animales y personas

LA SUPERHEROÍNA DE NATE, EL PARPADEO PÚRPURA (PÁGINA 124)

El modelo de Nat que ganó la primera temporada de la serie de televisión «LEGO® Masters», que se emitió en 2017.

FICHA

Ubicación:
Condado de Kildare (Irlanda)
Trabajo principal:
Artista LEGO
Especialidad LEGO:
Arquitectura, arte y formas orgánicas

JESSICA FARRELL

¿Recuerdas cuál fue tu primer set LEGO?

El set de construcción básico (set 135). Mi madre me lo regaló cuando tenía cuatro años. No tenía instrucciones, solo las ideas que aparecían en la caja. Al principio me frustré mucho, porque todas mis construcciones acababan por el suelo, pero me sentí muy satisfecha cuando por fin lo conseguí. Lo tengo aún hoy, en su caja original.

¿Cómo planificas las construcciones?

Cuando comienzo una construcción nueva, casi nunca esbozo los detalles ni sobre el papel ni en el ordenador, sino que imagino formas, colores y conexiones. Se me llena la cabeza de imágenes mentales y de cálculos matemáticos. A veces, tengo la sensación de que ya he acabado el modelo incluso antes de haber puesto el primer ladrillo.

¿Cuál es tu modelo preferido de los que has hecho para el libro?

Es un empate entre el castillo medieval (páginas 70-71) y el jardín encantado (páginas 164-165). La arquitectura antigua me interesa mucho, pero también me encanta la naturaleza y disfruto creando plantas imaginarias.

«Here there be dragons» («Aquí hay dragones») es uno de los modelos preferidos de Jessica, por lo llamativo de los colores y por el agua arremolinada y con textura.

¿Con cuánta frecuencia construyes?

Como crear cosas con piezas LEGO es mi trabajo además de mi afición, ¡juego casi cada día! Sin embargo, no todo es diseñar y crear. También dedico mucho tiempo a organizar las piezas y a ordenar después de haber construido.

¿Qué consejo de construcción LEGO darías?

Compartiré un consejo que me dio una buena amiga que se dedica a diseñar sets LEGO: cuando te encuentres con un elemento LEGO nuevo o interesante, juega con él, conéctalo a otras piezas de tantas maneras como puedas..., y luego intenta imaginar muchas maneras distintas de usarlo.

EL CASTILLO MEDIEVAL DE JESSICA (PÁGINAS 70-71)

ROD GILLIES

FICHA

Ubicación: Edimburgo (Escocia)
Trabajo principal: Promotor e innovador
Especialidad LEGO: Construcciones a microescala y retrofuturistas

¿Cuál es tu modelo preferido de los que has hecho para el libro?

Mis edificios y monumentos mundiales a microescala, sobre todo el puerto y la ópera de Sídney (abajo). Me encanta construir a microescala, aunque puede ser muy complicado. Construí esos monumentos y edificios una y otra vez, y los simplifiqué cada vez más hasta que quedaron perfectos.

El *Atlantica*, el submarino *steampunk* de Rod inspirado en la obra de Julio Verne.

EL PUERTO DE SÍDNEY DE ROD
(PÁGINA 54)

¿Cuántos años tenías cuando empezaste a construir con piezas LEGO?

Tenía unos siete u ocho años. Entonces, como tantas otras personas, dejé de construir durante la adolescencia y la veintena. Sin embargo, volví a descubrir mi amor por la construcción cuando tuve hijos. A ellos les encanta, ¡aunque creo que no tanto como a mí!

¿Qué haces cuando un modelo no sale como estaba previsto?

Lo dejo a un lado durante un tiempo y construyo otra cosa. Al final, la inspiración llega, y siempre se te ocurre la técnica que necesitas o descubres cómo hacer funcionar el modelo y lo vuelves a intentar. La clave está en no frustrarse. La creatividad casi nunca es un camino directo de la inspiración a la finalización.

¿Qué es lo que más te gusta de construir con piezas LEGO?

Me encanta tener un medio creativo para construir sobre temas tan diversos. Y hay una comunidad *online* amigable y acogedora con la que compartir toda esa creatividad.

Si pudieras diseñar un set nuevo para el LEGO Group, ¿qué sería?

Un set a gran escala del submarino *Nautilus* de *Veinte mil leguas de viaje submarino*, de Julio Verne. Es una de mis novelas favoritas. Lo intentaré algún día, aunque será un proyecto muy ambicioso. ¡A escala de minifigura, podría acabar midiendo 1,8 m de largo!

FICHA

Ubicación:
Londres (Reino Unido)
Trabajo principal:
Director de un laboratorio de análisis químicos
Especialidad LEGO:
Robots, naves espaciales y cualquier cosa futurista

TIM GODDARD

¿Cuál es tu modelo favorito de los que has hecho para el libro?

El gimnasio galáctico (páginas 78-81), que es el primero que construí. Es una mezcla emocionante de un gimnasio en la Tierra con atletas extraterrestres merodeando por allí. Tiene muchos detalles divertidos, como una máquina expendedora funcional, una ducha y material con el que los extraterrestres se pueden poner en forma.

¿Cuál es tu pieza LEGO® preferida?

Ahora, el lingote. Aunque al principio solo venía en color dorado para denotar lingotes de oro, ahora está disponible en muchos colores. Se puede usar para construir paredes interesantes, detalles en el suelo y cubiertas de tejado. También es muy útil a la hora de añadir detalles futuristas a robots y naves espaciales, sobre todo en blanco y gris.

¿Dónde hallas la inspiración para tus construcciones LEGO?

En todas partes. A veces, una pieza nueva me inspira para construir algo, y en otras ocasiones es una película, un libro sobre arte o un videojuego lo que me enciende la imaginación.

TEAL (Technical Engineer Assistant Labourer), uno de los fantásticos trajes mecánicos de Tim.

¿Qué haces cuando un modelo no sale como estaba previsto?

Esta es fácil: saco lo que no funciona e intento algo distinto. Esto es lo mejor de construir con LEGO: eliminar lo que no te gusta es facilísimo. El ensayo y el error forman parte del proceso de construcción.

¿Qué estás construyendo ahora?

Un colosal *rover* espacial de seis ruedas. Tendrá un área habitable delante y una pista de aterrizaje para naves espaciales en la parte de atrás. Aún tardaré semanas en terminarlo. Si en algún momento hay algo que no me gusta, interrumpo la construcción durante unos días hasta que se me ocurre algo nuevo y reanudo la construcción.

CUBÍCULO DE DUCHA EN EL GIMNASIO GALÁCTICO DE TIM (PÁGINA 80)

BARNEY MAIN

¿Cuál es tu modelo favorito de los que has hecho para el libro?

El globo aerostático (página 61). Construí uno parecido para el primer *LEGO®: el libro de las ideas* (publicado en 2015) y he visto muchos modelos inspirados en él durante estos años. El nuevo es ligeramente más pequeño, recuerda a una bombilla y tiene más detalles de temática aventurera.

FICHA

Ubicación:
Swindon
(Reino Unido)
Trabajo principal:
Ingeniero de diseño
Especialidad LEGO:
¡Robots de combate con mando a distancia!

Si fueras una minifigura, ¿cuál de tus construcciones para el libro te gustaría probar?

Los mecanismos del jurado del modelo del concurso de talentos (páginas 50–51) son muy divertidos. ¡Seguro que me tocaría el pez!

¿Recuerdas cuál fue tu primer set LEGO?

El Tesoro pirata sorpresa (set 1747, lanzado en 1996). Es una isla pequeña con un pirata y una roca que se abre y revela un tesoro. ¡Es sencillo, pero maravilloso!

Una fantástica mina vaquera en el Oeste, de Barney.

¿Qué haces cuando un modelo no sale como estaba previsto?

¡No lo desmonto! Va bien tener unos cuantos modelos a medio acabar que puedas combinar para crear algo nuevo. La varita mágica del mago (izda.) era una pieza descartada de otro modelo, pero encaja mucho mejor en la banda medieval.

¿Qué estás construyendo ahora?

Llevo años construyendo un robot gladiador a tamaño natural. ¡No sé si conseguiré acabarlo algún día! Está lleno de motores y de circuitos eléctricos que lo mueven, pero el cuello se queda enganchado en ángulos extraños y hace ruidos muy raros.

LA BANDA MEDIEVAL DE BARNEY (PÁGINAS 74–75)

TIPOS DE LADRILLO

Es muy probable que a estas alturas ya sepas que hay piezas LEGO® de muchos tipos, pero ¿sabes cómo se llama cada una? Aunque saber más acerca de las piezas que forman tu colección te será útil, no es necesario que tengas todas estas para construir fantásticos modelos LEGO. Puedes ser creativo con las piezas que tengas.

Contiene piezas pequeñas. Peligro de atragantamiento. No apto para menores de tres años.

MEDIDAS

El tamaño de las piezas LEGO® se describe a partir del número de espigas que tienen. Por ejemplo, una pieza con dos espigas de ancho y tres de alto es un ladrillo 2×3. Las piezas altas tienen un tercer número, que es su altura en ladrillos estándar.

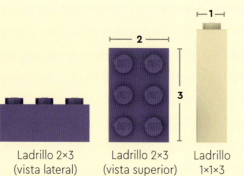

Ladrillo 2×3 (vista lateral) Ladrillo 2×3 (vista superior) Ladrillo 1×1×3

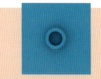

Placa conectora 1×2   Placa conectora 2×2

PLACAS CONECTORAS

Las placas conectoras solo tienen una espiga en el centro, pero siguen el mismo sistema de medidas que las estándar. Te permiten «saltar» la cuadrícula habitual de las espigas y son útiles para centrar objetos en los modelos.

LADRILLOS

¿Qué sería de un constructor sin ladrillos? Los ladrillos son la base de la gran mayoría de los modelos, y los hay de muchas formas y medidas.

Ladrillo 2×2×3

Ladrillo con textura 1×2   Ladrillo redondo 2×2   Ladrillo esquinero 2×2   Ladrillo 1×2 con textura de mampostería

CUBIERTAS

Las cubiertas tienen tubos en el lado inferior y ninguna espiga en el lado superior. Dan un acabado y, si están decoradas, aportan detalles interesantes.

Cubierta redonda 1×1 decorada   Cubierta 2×2   Cubierta redonda 2×2   Cubierta 1×4

PLACAS

Las placas tienen espigas en el lado superior y tubos en el inferior. Aunque se parecen a los ladrillos, la altura de tres placas equivale a la de un ladrillo estándar.

Placa esquinera redonda 4×4

Tres placas 1×2   Ladrillo 1×2   Placa curva 2×3 con orificio

¡HAY PIEZAS DE MÁS DE 150 COLORES EN TODO EL MUNDO!

ESPIGAS LATERALES

Si quieres construir en múltiples direcciones, elige una pieza con espigas en más de un lado. Te permitirán construir hacia arriba además de hacia los lados.

Placa en escuadra 1×4/1×2

Ladrillo 1×1 con una espiga lateral

Ladrillo 1×1 con faro

Ladrillo 1×1 con cuatro espigas laterales

Placa en escuadra 1×2/2×2 (vista lateral)

TEJAS

Las tejas tienen ángulos rectos. Las hay de muchos tamaños y pueden ser curvas o invertidas (del revés).

Teja 2×1   Teja invertida 2×1   Teja curva 3×1

CLIPS

Las piezas con clip se pueden acoplar a otros elementos, como las barras.

Placa 1×2 con clip

Placa 1×1 con clip

Cubierta 2×3 con dos clips

Escalera 7×3 con dos clips

Placa 1×2 con dos clips

Cubierta 1×1 con clip

BISAGRAS

Las bisagras se usan para añadir movimiento a las construcciones. Las placas-bisagra y los ladrillos-bisagra permitirán que partes de tus modelos se puedan mover de lado a lado o de arriba abajo.

Placa-bisagra 1×4

Ladrillo-bisagra 1×2 con placa-bisagra 2×2

Ladrillo-bisagra 1×2 con clic (vista superior)

Ladrillo-bisagra 1×2 con placa bisagra 1×2 (vista superior)

BARRAS

Estas piezas largas y finas son ideales para las manos de las minifiguras. También se pueden usar con clips para añadir movimiento a las construcciones.

Placa 1×1 con barra

Placa 1×2 con barra

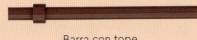
Barra con tope

LEGO® TECHNIC

Estos elementos eclécticos amplían el abanico de funciones que puedes incluir en tus modelos. Son especialmente útiles para modelos con muchas partes móviles o detalles técnicos.

Pasador de fricción

Eje

Pasador-eje

Ladrillo 1×2 con orificio en cruz

Placa con conector para pasador 1×2×1²⁄₃ con dos orificios

Eje conector

Eje con unión esférica

Viga 1×3

Conector para eje y pasador

Conector angular para eje y pasador

UNIONES

Las placas y ladrillos con uniones esféricas y las uniones esféricas con conector dan flexibilidad y movilidad a los modelos.

Placa 1×2 con unión esférica   Placa 1×2 con unión esférica con conector

Ladrillo 2×2 con dos uniones esféricas

193

PIEZAS ÚTILES

Todas las piezas LEGO® son útiles cuando se trata de construir, pero a continuación encontrarás algunas que son especialmente útiles si construyes algo concreto, como un vehículo o un animal. Estas partes especialmente útiles están agrupadas por tipo de modelo. ¿Tienes alguna en tu colección?

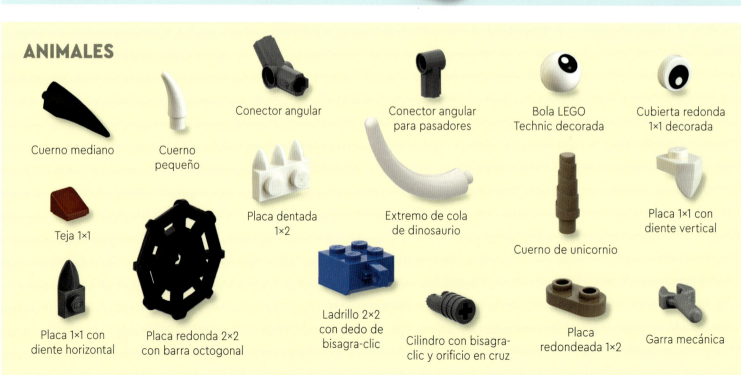

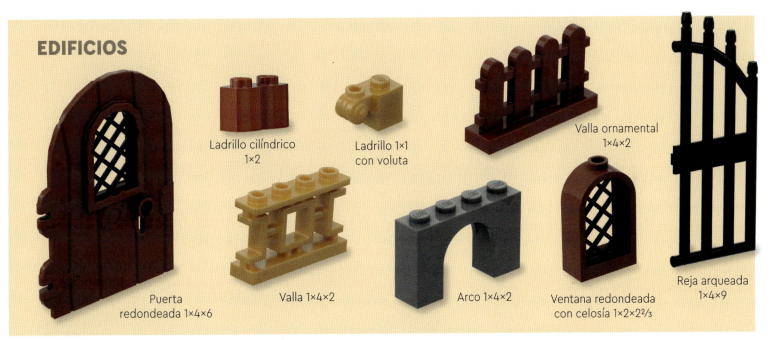

DE IDEAS A MODELOS LEGO®

A lo largo de los años, los diseñadores de LEGO Group en Billund (Dinamarca) han ideado miles de sets LEGO®. ¿Te has preguntado alguna vez de dónde obtienen las ideas y la inspiración? Conoce a dos diseñadores LEGO y descubre cómo las ideas se convierten en modelos fantásticos con los que puedes jugar.

Lauren Cullen King, diseñadora gráfica sénior

George Gilliatt, diseñador

¿Cómo os convertisteis en diseñadores LEGO®?

Lauren: Cuando me gradué en la universidad en EE UU, mantuve el contacto con muchos de los profesores. Un día, uno de ellos colgó en sus redes sociales el enlace del anuncio de una vacante en LEGO Group. Decidí intentarlo, solicité el puesto, ¡y aquí estoy!

George: Mientras estudiaba diseño de producto en la universidad en Reino Unido, hice prácticas en LEGO Group. Empecé diseñando elementos y nuevas experiencias de juego LEGO como miembro del Creative Play Lab, y luego hice otro periodo de prácticas en el equipo Creator 3-in-1. Después de eso, volví a la universidad un año para terminar el grado, y después me ofrecieron trabajo como diseñador de producto LEGO.

¿Qué es lo mejor de vuestro trabajo? ¿Y lo peor? ¿Por qué?

Lauren: Lo mejor es que trabajo con un fantástico equipo de personas de todas partes del mundo. Además, me parece maravilloso poder dibujar cada día. Creo que lo peor es vivir tan lejos de mis amigos y de mi familia, que están en EE UU. Por suerte, mantenemos el contacto por teléfono y las redes sociales.

George: Lo mejor es leer los comentarios de la gente acerca de los productos que he ayudado a diseñar, y también escuchar a los fans de todas las edades a los que han inspirado. Espero que los productos LEGO que estamos diseñando hoy inspiren a los constructores de mañana. También espero que sets como la Aventura en lanzadera espacial LEGO® Creator (set 31117) inspire a los niños a creer que ellos también pueden ser astronautas algún día.

AVENTURA EN LANZADERA ESPACIAL LEGO CREATOR

LEGO BIONICLE: KOPAKA

¿Cuál fue el primer modelo que ayudasteis a diseñar? ¿Qué habéis aprendido desde entonces acerca de construir sets?

Lauren: El primer set para el que creé gráficos fue la Casa familiar de LEGO® Juniors (set 10686). La mayoría de las partes de minifiguras decoradas que diseñé se usan aún hoy en otros sets.

George: El primer producto LEGO de cuyo desarrollo formé parte fue la Casa flotante del río LEGO (set 31093), diseñado por Gemma Anderson. Gemma me enseñó muchísimo acerca de cómo diseñar productos oficiales LEGO, y me divertí mucho ideando modelos alternativos y aprendiendo a diseñar un modelo divertido, robusto y construible.

¿Cuándo empezasteis a construir con piezas LEGO?

George: El primer LEGO que tuve fue el LEGO® BIONICLE® Kopaka (set 8536), de 2001. Me enganchó a los juguetes de construcción, y no he dejado de construir desde entonces.

La pirámide-OVNI de George, con la que llegó a los cuartos de final de un concurso de construcción en la adolescencia.

¿Tenéis un modelo favorito que hayáis construido con piezas LEGO antes de convertiros en diseñadores?

George: Cuando tenía trece años, empecé a tomar parte en concursos de construcción *online* (con la autorización de mis padres), en los que pude ver cómo trabajaban algunos de los mejores diseñadores LEGO. Mi creación preferida fue un modelo que combinaba dos temas LEGO ya existentes: LEGO® Alien Conquest y LEGO® Pharaoh's Quest. ¡Construí una pirámide-OVNI! Este modelo fue muy especial, porque yo aparecía en la imagen que colgué en internet, y fue entonces cuando el resto de los participantes (todos adultos) se dieron cuenta de que competían contra un adolescente. Me ayudó a darme cuenta de que, tenga la edad que tengas, puedes lograr lo que te propongas si te esfuerzas y te dedicas a ello de verdad.

CASA FAMILIAR DE LEGO JUNIORS

CASA FLOTANTE DEL RÍO LEGO

¿Cuánta gente hace falta para transformar una idea en un set LEGO?

George: Hacen falta muchas personas de mucho talento. Además de los diseñadores, si el producto tiene decoraciones, tendrá que participar un diseñador gráfico, como Lauren. Los gestores de proyecto y los directores de producto se aseguran de que todo se fabrique a tiempo y dentro del presupuesto. También están los diseñadores del envoltorio y los comerciales y, por supuesto, las personas que trabajan en las fábricas y que producen todas las piezas LEGO. ¡Es un verdadero trabajo de equipo!

¿De dónde salen las ideas para los sets LEGO?

George: De muchos lugares. A veces, los jefes de equipo nos dan instrucciones y, en otras ocasiones, los fans nos envían ideas. ¡De vez en cuando, hasta se nos ocurren buenas ideas a nosotros solos!

¿Os inspiran los modelos que construyen los fans?

Lauren: Sí, nuestros fans son muy creativos y están muy comprometidos, y construyen modelos que son toda una inspiración. Me gusta identificar los detalles que ven los fans, porque a veces son cosas que a mí se me hubieran pasado.

¿Intervienen los fans de LEGO en alguna parte del diseño de los sets? Por ejemplo, ¿prueban los diseños para sets nuevos?

George: Todos los sets LEGO son puestos a prueba por algunos de nuestros mejores fans…, ¡los niños! Siempre ponemos los modelos en manos de los niños, porque normalmente son los que construyen y juegan con los sets, y siempre encuentran puntos de mejora que a los adultos se nos pasan.

Lauren: Los fans pueden presentar ideas para sets en el sitio web de LEGO® Ideas. Si otros 10 000 fans dan su aprobación y los jueces LEGO lo confirman, nos ponemos a trabajar con el fan que lo ha concebido para hacer realidad su idea.

¿Nos podríais explicar en qué consiste el proceso de transformar una idea en un set LEGO?

George: Siempre comienzo los sets LEGO nuevos investigando sobre lo que tengo que construir hasta que me convierto en un experto en el tema. Por ejemplo, cuando diseñé el Tigre majestuoso de LEGO Creator (set 31129), miré muchos vídeos sobre tigres y aprendí todo lo que pude sobre dónde y cómo viven. El siguiente paso es construir un modelo conceptual, para tener una idea aproximada de cómo será el modelo. Entonces, lo refinamos durante meses hasta que llegamos a su forma definitiva.

¿Con qué dificultades os encontráis por el camino?

George: A veces, replicar una forma con piezas LEGO es complicado, o bien el modelo se desmonta porque no es lo bastante robusto. Casi siempre hay alguien que ya se ha enfrentado antes a la misma dificultad que tú, por lo que siempre va bien comentar los problemas y pedir ayuda. De ese modo, nos enfrentamos a las dificultades en equipo.

¿Los diseñadores LEGO tenéis que seguir muchas normas específicas?

Lauren: En tanto que diseñadora gráfica en LEGO Group, tengo que seguir muchísimas directrices y normas LEGO cuando creo personajes, ornamentos o pegatinas. Por supuesto, luego también tenemos normas de producción, calidad y seguridad que tenemos que cumplir.

George: ¡Sí! Tenemos que garantizar que todos los set LEGO sean congruentes con la misión de la marca y que estén al nivel de las habilidades de los constructores de sets o temas concretos. Los sets LEGO pueden pasar de generación en generación, por lo que hemos de garantizar también que sean longevos, seguros y el mejor producto que sea posible.

¿Qué aconsejaríais a quienes aspiran a diseñar sets LEGO?

George: Construid, construid, construid… Lo que más me gustaba cuando era pequeño era reconfigurar mis sets en tantas cosas distintas como pudiera. Las limitaciones naturales derivadas de usar una selección de piezas finita despiertan la creatividad y te obligan a usar los ladrillos y los distintos elementos de maneras interesantes. ¡Desafíate a idear algo nuevo!

TIGRE MAJESTUOSO LEGO CREATOR

Edición sénior Tori Kosara
Edición de proyecto Beth Davies
Diseño sénior Anna Formanek
Producción editorial Siu Yin Chan
Control de producción Lloyd Robertson
Coordinación editorial Paula Regan
Coordinación de arte Jo Connor
Dirección de publicaciones Mark Searle

Una producción de Plum Jam para DK
Edición Hannah Dolan **Diseño** Guy Harvey

Construcción de modelos
Jessica Farrell, Tim Goddard, Jason Briscoe, Rod Gillies,
Barney Main, Mariann Asanuma y Nate Dias

El modelo de autobús está basado en un diseño de
Emmett L., construido por Jessica Farrell

Fotografía Gary Ombler

Diseño de cubierta Mark Penfound

Dorling Kindersley y Plum Jam desean dar las gracias a:
Randi Sørensen, Heidi K. Jensen, Lydia Barram, Paul Hansford,
Amy Jarashow, Martin Leighton Lindhart y Nina Koopman, de
The LEGO Group; Victoria Taylor por los textos adicionales y
su ayuda en la edición; Lisa Robb, Karan Chaudhary, Tom
Bletso y James McKeag por su apoyo con el diseño,
y Laura Gilbert por la revisión de los textos.

De la edición española
Coordinación editorial Marina Alcione
Asistencia editorial y producción Malwina Zagawa

Publicado originalmente en Gran Bretaña
en 2022 por Dorling Kindersley Limited
One Embassy Gardens, 8 Viaduct Gardens,
London SW117BW

Parte de Penguin Random House

Título original: *The LEGO® Ideas Book*
Primera edición 2023

Copyright del diseño de página © 2022
Dorling Kindersley Limited

LEGO, the LEGO logo, the Minifigure, and the Brick and Knob
configurations are trademarks of the LEGO Group.
©2023 The LEGO Group.

Manufactured by Dorling Kindersley, One Embassy Gardens,
8 Viaduct Gardens, London SW11 7BW under licence
from the LEGO Group.

© Traducción en español 2022 Dorling Kindersley Limited

Servicios editoriales: deleatur, s.l.
Traducción: Montserrat Asensio Fernández

Queda prohibida, salvo excepción prevista en la Ley, cualquier
forma de reproducción, distribución, comunicación pública y
transformación de esta obra sin contar con la autorización
de los titulares de la propiedad intelectual.

ISBN 978-0-7440-6463-6

Impreso en China

www.LEGO.com

Para mentes curiosas
www.dkespañol.com